Saveurs de la Méditerranée
Un Voyage Culinaire Ensoleillé

Élise Dubois

Contenu

Paella aux légumes 8

Casserole d'aubergines et de riz 10

Beaucoup de couscous aux légumes 12

Kuchari 14

Boulgour aux tomates et pois chiches 17

Maccheroni au maquereau 19

Maccheroni aux tomates cerises et anchois 21

Risotto au citron et crevettes 23

Spaghetti aux palourdes 25

Soupe de poisson grecque 27

Riz Venere aux crevettes 29

Pennette au saumon et vodka 31

Carbonara aux fruits de mer 33

Garganelli au pesto de courgettes et crevettes 35

Risotto au saumon 38

Pâtes aux tomates cerises et anchois 40

Orecchiette au brocoli et aux saucisses 42

Risotto au radicchio et bacon fumé 44

Pâtes sous Genovese 46

Pâtes au chou-fleur de Naples 49

Pâtes e Fagioli à l'orange et au fenouil 51

Spaghettis au citron 53

Couscous aux légumes épicés 54

Riz au four épicé au fenouil 57

Couscous à la marocaine aux pois chiches	59
Paella végétarienne aux haricots verts et pois chiches	61
Crevettes à l'ail, tomates et basilic	63
Paella aux crevettes	65
Salade de lentilles aux olives, menthe et feta	67
Pois chiches à l'ail et au persil	69
Compote de pois chiches aux aubergines et tomates	71
Riz grec au citron	73
Riz à l'ail et aux herbes	75
Salade de riz méditerranéenne	77
Salade de haricots frais et thon	79
Délicieuses pâtes au poulet	81
Bol de riz pour tacos aux saveurs	83
Délicieux macaroni au fromage	85
Riz concombre-olive	87
Saveurs Risotto aux herbes	89
Délicieuses pâtes Primavera	91
Pâte de poivrons grillés	93
Fromage Basilic Tomate Riz	95
macaronis au fromage	97
Pâtes au thon	98
Panini mélange avocat et dinde	100
Wrap au concombre, poulet et mangue	102
Fattoush - Pain du Moyen-Orient	104
Focaccia sans gluten à l'ail et aux tomates	106
Burgers grillés aux champignons	108
Baba Ghanoush méditerranéen	110

Petits pains multigrains et sans gluten	112
Linguines aux fruits de mer	114
Crevettes et tomates au gingembre	116
Crevettes et pâtes	119
Morue pochée	121
Moules au vin blanc	123
Saumon à l'aneth	125
Saumon lisse	127
Mélodie du thon	128
Fromage de mer	129
Des steaks sains	130
Saumon aux légumes	131
Thon glacé fumé	132
Flétan croustillant	133
Thon en forme	134
Steaks de poisson chauds et frais	135
Moules O'Marine	136
Rôti de bœuf méditerranéen à la mijoteuse	137
Bœuf méditerranéen à la mijoteuse et artichauts	139
Rôti braisé de style méditerranéen à la mijoteuse	141
Pain de viande à la mijoteuse	143
Hoagies au bœuf méditerranéen à la mijoteuse	145
Rôti de porc méditerranéen	147
Pizza au boeuf	149
Boulettes de bœuf et boulgour	152
Délicieux bœuf et brocoli	154
Chili au bœuf et au maïs	155

Plat de bœuf balsamique	156
Rôti de boeuf à la sauce soja	158
Rôti de paleron de bœuf au romarin	160
Escalopes de porc et sauce tomate	162
Poulet à la sauce aux câpres	164
Burgers de dinde avec salsa à la mangue	166
Poitrine de dinde rôtie aux herbes	168
Saucisse de poulet et paprika	170
Poulet Piccata	172
Poulet toscan à la poêle	174
Kapama au poulet	176
Poitrines de poulet farcies aux épinards et feta	178
Cuisses de poulet au four au romarin	180
Poulet aux oignons, pommes de terre, figues et carottes	181
Gyros de poulet avec tzatziki	183
Moussaka	185
Filet de porc à la dijonnaise et aux herbes	188
Steak sauce vin rouge-champignons	190
Boulettes de viande à la grecque	193
Agneau aux haricots	195
Poulet à la sauce tomate-balsamique	197
Salade de riz brun, feta, petits pois frais et menthe	199
Pain pita aux grains entiers fourré aux olives et aux pois chiches	201
Carottes rôties aux noix et haricots cannellini	203
Poulet au beurre assaisonné	205
Poulet au bacon et au double fromage	207
Crevettes au citron et poivre	209

Galette panée et épicée 211
Saumon au curry et à la moutarde 213
Saumon en croûte de noix et de romarin... 214
Spaghettis rapides aux tomates 216
Fromage cuit au chili et à l'origan 218
Poulet italien croustillant 219

Paella aux légumes

Temps de préparation : 25 minutes

Temps de cuisson: 45 minutes

Portions : 6

Difficulté : moyenne

Ingrédients:

- ¼ tasse d'huile d'olive
- 1 gros oignon doux
- 1 gros poivron rouge
- 1 gros poivron vert
- 3 gousses d'ail, hachées finement
- 1 cuillère à café de paprika fumé
- 5 fils de safran
- 1 courgette, coupée en cubes de ½ pouce
- 4 grosses tomates mûres, pelées, épépinées et hachées
- 1½ tasse de riz espagnol à grains courts
- 3 tasses de bouillon de légumes, réchauffé

Instructions:

Préchauffer le four à 350°F. Cuire dans l'huile d'olive à feu moyen. Incorporer l'oignon et les poivrons rouges et verts et cuire 10 minutes.

Incorporer l'ail, le paprika, les fils de safran, les courgettes et les tomates. Baissez le feu à moyen-doux et laissez cuire 10 minutes.

Incorporer le riz et le bouillon de légumes. Augmentez le feu pour porter la paella à ébullition. Réduire le feu à moyen-doux et cuire 15 minutes. Couvrir le plat de papier d'aluminium et mettre au four.

Cuire 10 minutes ou jusqu'à ce que le bouillon soit absorbé.

Nutrition (pour 100g) : 288 calories 10 g de matières grasses 46 g de glucides 3 g de protéines 671 mg de sodium

Casserole d'aubergines et de riz

Temps de préparation : 30 minutes

Temps de cuisson: 35 minutes

Portions : 4

Difficulté : Difficile

Ingrédients:

- Pour la sauce
- ½ tasse d'huile d'olive
- 1 petit oignon, haché
- 4 gousses d'ail, écrasées
- 6 tomates mûres, pelées et hachées
- 2 cuillères à soupe de concentré de tomate
- 1 cuillère à café d'origan séché
- ¼ cuillère à café de muscade moulue
- ¼ cuillère à café de cumin moulu
- Pour la cocotte
- 4 aubergines japonaises (6 pouces), coupées en deux dans le sens de la longueur
- 2 cuillères à soupe d'huile d'olive
- 1 tasse de riz cuit
- 2 cuillères à soupe de pignons de pin grillés
- 1 tasse d'eau

Instructions:

Pour faire la sauce

Faites chauffer l'huile d'olive dans une casserole à fond épais à feu moyen. Placer l'oignon et cuire 5 minutes. Incorporer l'ail, les tomates, la pâte de tomates, l'origan, la muscade et le cumin. Faites ensuite bouillir à feu doux et laissez mijoter 10 minutes. Retirer et réserver.

Pour faire une cocotte

Préchauffer le gril. Pendant que la sauce mijote, arrosez les aubergines d'huile d'olive et déposez-les sur une plaque à pâtisserie. Faire frire environ 5 minutes jusqu'à ce qu'ils soient dorés. Retirer et laisser refroidir. Tourner le four à 375°F. Placer les aubergines refroidies, côté coupé vers le haut, dans un plat allant au four de 9 x 13 pouces. Retirez délicatement un peu de chair pour faire de la place à la garniture.

Mélangez la moitié de la sauce tomate, le riz cuit et les pignons de pin dans un bol. Remplissez chaque moitié d'aubergine avec le mélange de riz. Dans le même bol, mélangez le reste de la sauce tomate et l'eau. Versez sur les aubergines. Cuire avec le couvercle pendant 20 minutes jusqu'à ce que l'aubergine soit tendre.

Nutrition (pour 100g) : 453 calories 39 g de matières grasses 29 g de glucides 7 g de protéines 820 mg de sodium

Beaucoup de couscous aux légumes

Temps de préparation : 15 minutes

Temps de cuisson: 45 minutes

Portions : 8

Difficulté : Difficile

Ingrédients:

- ¼ tasse d'huile d'olive
- 1 oignon, haché
- 4 gousses d'ail, hachées
- 2 piments jalapeño, percés à la fourchette à plusieurs endroits
- ½ cuillère à café de cumin moulu
- ½ cuillère à café de coriandre moulue
- 1 boîte (28 oz) de tomates concassées
- 2 cuillères à soupe de concentré de tomate
- 1/8 cuillère à café de sel
- 2 feuilles de laurier
- 11 tasses d'eau, divisées
- 4 carottes
- 2 courgettes, coupées en morceaux de 2 pouces
- 1 courge poivrée, coupée en deux, épépinée et coupée en tranches de 1 pouce d'épaisseur

- 1 boîte (15 oz) de pois chiches, égoutter et rincer
- ¼ tasse de citrons confits hachés (facultatif)
- 3 tasses de couscous

Instructions:

Cuire dans l'huile d'olive dans une casserole à fond épais. Placer l'oignon et cuire 4 minutes. Incorporer l'ail, les jalapeños, le cumin et la coriandre. Cuire 1 minute. Ajoutez les tomates, la pâte de tomates, le sel, les feuilles de laurier et 8 tasses d'eau. Portez le mélange à ébullition.

Ajouter la carotte, la courgette et le gland et porter à nouveau à ébullition. Baissez légèrement le feu, couvrez et laissez cuire environ 20 minutes, jusqu'à ce que les légumes soient tendres mais pas pâteux. Prenez 2 tasses de liquide de cuisson et mettez-le de côté. Assaisonner au besoin.

Ajouter les pois chiches et les citrons confits (le cas échéant). Faire bouillir quelques minutes et éteindre le feu.

Dans une casserole moyenne, porter à ébullition les 3 tasses d'eau restantes à feu vif. Incorporer le couscous, couvrir et éteindre le feu. Laissez le couscous reposer 10 minutes. Arroser de 1 tasse de liquide de cuisson réservé. Remuer le couscous avec une fourchette.

Versez-le sur un grand plat. Arrosez-le du reste du liquide de cuisson. Retirez les légumes de la marmite et étalez-les dessus. Servir le reste du ragoût dans un bol séparé.

Nutrition (pour 100g) : 415 calories 7 g de matières grasses 75 g de glucides 9 g de protéines 718 mg de sodium

Kuchari

Temps de préparation : 25 minutes

Temps de cuisson: 1 heure et 20 minutes

Portions : 8

Difficulté : Difficile

Ingrédients:

- Pour la sauce
- 2 cuillères à soupe d'huile d'olive
- 2 gousses d'ail, hachées
- 1 boîte (16 oz) de sauce tomate
- ¼ tasse de vinaigre blanc
- ¼ tasse de Harissa ou achetée en magasin
- 1/8 cuillère à café de sel
- Pour le riz
- 1 tasse d'huile d'olive
- 2 oignons, tranchés finement
- 2 tasses de lentilles brunes séchées
- 4 litres plus ½ tasse d'eau, divisés

- 2 tasses de riz à grains courts
- 1 cuillère à café de sel
- 1 livre de pâtes courtes au coude
- 1 boîte (15 oz) de pois chiches, égoutter et rincer

Instructions:

Pour faire la sauce

Cuire dans une casserole avec de l'huile d'olive. Faites frire l'ail. Mélangez la sauce tomate, le vinaigre, la harissa et le sel. Portez la sauce à ébullition. Baissez le feu et laissez cuire 20 minutes ou jusqu'à ce que la sauce épaississe. Retirer et réserver.

Pour faire du riz

Tapisser une assiette de papier absorbant et réserver. Chauffer l'huile d'olive dans une grande poêle à feu moyen. Faites frire l'oignon, en remuant souvent, jusqu'à ce qu'il soit croustillant et doré. Transférer les oignons dans l'assiette préparée et réserver. Réservez 2 cuillères à soupe d'huile de cuisson. Réservez la poêle.

Dans une casserole à feu vif, mélanger les lentilles et 4 tasses d'eau. Porter à ébullition et cuire 20 minutes. Égoutter et mélanger avec les 2 cuillères à soupe d'huile de cuisson réservées. Mettre à part. Réservez un pot.

Placez la poêle que vous avez utilisée pour faire revenir les oignons à feu moyen-vif et ajoutez le riz, 4½ tasses d'eau et le sel. Porter à ébullition. Baissez le feu et laissez mijoter pendant 20 minutes. Éteignez et laissez reposer 10 minutes. Portez à ébullition les 8 tasses d'eau salée restantes à feu vif dans la même casserole que celle utilisée pour cuire les lentilles. Incorporer les pâtes et cuire 6 minutes ou selon les instructions sur l'emballage. Égoutter et réserver.

Composer

Versez le riz sur un plat de service. Ajoutez-y les lentilles, les pois chiches et les pâtes. Arroser de sauce tomate piquante et parsemer d'oignons frits croustillants.

Nutrition (pour 100g) : 668 calories 13 g de matières grasses 113 g de glucides 18 g de protéines 481 mg de sodium

Boulgour aux tomates et pois chiches

Temps de préparation : 10 minutes

Temps de cuisson: 35 minutes

Portions : 6

Difficulté : moyenne

Ingrédients:

- ½ tasse d'huile d'olive
- 1 oignon, haché
- 6 tomates en dés ou 1 boîte (16 oz) de tomates en dés
- 2 cuillères à soupe de concentré de tomate
- 2 tasses d'eau
- 1 cuillère à soupe de Harissa ou achetée en magasin
- 1/8 cuillère à café de sel
- 2 tasses de boulgour grossier
- 1 boîte (15 oz) de pois chiches, égoutter et rincer

Instructions:

Faites chauffer l'huile d'olive dans une casserole à fond épais à feu moyen. Faites revenir l'oignon, puis ajoutez les tomates avec leur jus et laissez cuire 5 minutes.

Mélangez le concentré de tomate, l'eau, la harissa et le sel. Porter à ébullition.

Incorporer le boulgour et les pois chiches. Portez à nouveau le mélange à ébullition. Réduire le feu à doux et cuire 15 minutes. Laisser reposer 15 minutes avant de servir.

Nutrition (pour 100g) : 413 calories 19 g de matières grasses 55 g de glucides 14 g de protéines 728 mg de sodium

Maccheroni au maquereau

Temps de préparation : 10 minutes

Temps de cuisson: 15 minutes

Portions : 4

Difficulté : Facile

Ingrédients:

- 12 onces de macaronis
- 1 gousse d'ail
- 14 onces de sauce tomate
- 1 brin de persil haché
- 2 piments frais
- 1 cuillère à café de sel
- 7 oz de maquereau à l'huile
- 3 cuillères à soupe d'huile d'olive extra vierge

Instructions:

Commencez par faire bouillir de l'eau dans une casserole. Pendant que l'eau chauffe, prenez une casserole, versez-y un peu d'huile et un peu d'ail et faites cuire à feu doux. Lorsque l'ail est cuit, retirez-le de la poêle.

Coupez le piment, retirez les graines intérieures et coupez-le en fines lanières.

Ajoutez l'eau de cuisson et le piment dans la même poêle qu'avant. Prenez ensuite le maquereau et après avoir égoutté l'huile et l'avoir séparé avec une fourchette, mettez-le dans la poêle avec les autres ingrédients. Faites-le revenir légèrement en ajoutant un peu d'eau de cuisson.

Lorsque tous les ingrédients sont bien mélangés, ajoutez la purée de tomates dans la poêle. Bien mélanger pour combiner tous les ingrédients et cuire à feu doux pendant environ 3 minutes.

Passons aux pâtes :

Lorsque l'eau commence à bouillir, ajoutez le sel et les pâtes. Égouttez les macaronis lorsqu'ils sont légèrement al dente et ajoutez-les à la sauce préparée.

Faites dorer quelques instants dans la sauce et, après dégustation, assaisonnez de sel et de poivre selon votre goût.

Nutrition (pour 100g) : 510 calories 15,4 g de matières grasses 70 g de glucides 22,9 g de protéines 730 mg de sodium

Maccheroni aux tomates cerises et anchois

Temps de préparation : 10 minutes

Temps de cuisson: 15 minutes

Portions : 4

Difficulté : Facile

Ingrédients:

- 14 onces de pâtes macaroni
- 6 anchois salés
- 4 onces de tomates cerises
- 1 gousse d'ail
- 3 cuillères à soupe d'huile d'olive extra vierge
- Piment frais au goût
- 3 feuilles de basilic
- Sel au goût

Instructions:

Commencez par faire chauffer de l'eau dans une casserole et ajoutez du sel pendant qu'elle bout. Pendant ce temps, préparez la sauce : prenez les tomates après les avoir lavées et coupez-les en 4 parties.

Maintenant, prenez une poêle antiadhésive, vaporisez un peu d'huile et jetez-y une gousse d'ail. Une fois cuit, retirez-le de la poêle. Ajoutez les anchois propres dans la poêle et faites-les fondre dans l'huile.

Une fois les anchois bien dissous, ajoutez les tomates en dés et augmentez le feu jusqu'à ce qu'elles commencent à ramollir (attention à ne pas trop ramollir).

Ajoutez le piment coupé en petits morceaux sans pépins et assaisonnez.

Mettez les pâtes dans une casserole d'eau bouillante, égouttez-les al dente et laissez mijoter quelques instants dans la casserole.

Nutrition (pour 100g) : 476 calories 11 g de matières grasses 81,4 g de glucides 12,9 g de protéines 763 mg de sodium

Risotto au citron et crevettes

Temps de préparation : 10 minutes

Temps de cuisson: 30 minutes

Portions : 4

Difficulté : Facile

Ingrédients:

- 1 citron
- 14 onces de crevettes décortiquées
- 1 ¾ tasse de riz pour risotto
- 1 oignon blanc
- 33 onces liquides. 1 litre (once) de bouillon de légumes (moins c'est aussi bien)
- 2 ½ cuillères à soupe de beurre
- ½ verre de vin blanc
- Sel au goût
- Poivre noir au goût
- Ciboulette au goût

Instructions:

Commencez par faire bouillir les crevettes dans de l'eau salée pendant 3 à 4 minutes, égouttez-les et réservez.

Épluchez et hachez finement l'oignon, faites-le revenir avec le beurre fondu et lorsque le beurre est sec, faites rôtir le riz dans une poêle pendant quelques minutes.

Déglacez le riz avec un demi-verre de vin blanc, puis ajoutez le jus d'1 citron. Remuer et terminer la cuisson du riz en ajoutant une cuillerée de bouillon de légumes si nécessaire.

Mélangez bien et quelques minutes avant la fin de la cuisson, ajoutez les crevettes précuites (en laissant quelques-unes de côté pour la décoration) et un peu de poivre noir.

Hors du feu, ajoutez une pincée de beurre et remuez. Le risotto est prêt à servir. Garnir du reste de crevettes et parsemer de ciboulette.

Nutrition (pour 100g) : 510 calories 10 g de matières grasses 82,4 g de glucides 20,6 g de protéines 875 mg de sodium

Spaghetti aux palourdes

Temps de préparation : 10 minutes

Temps de cuisson: 40 minutes

Portions : 4

Difficulté : Facile

Ingrédients:

- 11,5 onces de spaghettis
- Boîtes de 2 livres
- 7 onces de sauce tomate ou de pulpe de tomate pour la version rouge de ce plat
- 2 gousses d'ail
- 4 cuillères à soupe d'huile d'olive extra vierge
- 1 verre de vin blanc sec
- 1 cuillère à soupe de persil finement haché
- 1 piment

Instructions:

Commencez par laver les coquilles : ne « nettoyez » jamais les coquilles, il faut les ouvrir uniquement à la chaleur, sinon leur précieux liquide interne sera perdu avec le sable. Lavez rapidement les palourdes à l'aide d'une passoire placée dans un saladier : cela filtrera le sable des coquilles.

Placez ensuite immédiatement les palourdes égouttées dans une casserole avec couvercle sur feu vif. Retournez-les de temps en temps et lorsqu'ils sont presque tous ouverts, retirez-les du feu. Les cartons qui restent fermés sont morts et doivent être éliminés. Retirez les mollusques de la masse en laissant quelques-uns entiers pour décorer les plats. Égoutter le liquide laissé au fond de la casserole et réserver.

Prenez une grande poêle et versez-y un peu d'huile. Faites chauffer un poivron entier et une ou deux gousses d'ail écrasées à feu très doux jusqu'à ce que les gousses jaunissent. Ajouter les palourdes et assaisonner de vin blanc sec.

Ajoutez maintenant les palourdes préalablement égouttées et du persil finement haché.

Égoutter et jeter les spaghettis dans la poêle immédiatement après les avoir cuits al dente dans beaucoup d'eau salée. Remuez bien jusqu'à ce que les spaghettis absorbent tout le liquide des palourdes. Si vous n'avez pas utilisé de piment, saupoudrez légèrement de poivre blanc ou noir.

Nutrition (pour 100g) : 167 calories 8 g de matières grasses 8,63 g de glucides 5 g de protéines 720 mg de sodium

Soupe de poisson grecque

Temps de préparation : 10 minutes

Temps de cuisson: 60 minutes

Portions : 4

Difficulté : Facile

Ingrédients:

- Merlu ou autre poisson blanc
- 4 pommes de terre
- 4 oignons nouveaux
- 2 carottes
- 2 branches de céleri
- 2 tomates
- 4 cuillères à soupe d'huile d'olive extra vierge
- 2 oeufs
- 1 citron
- 1 tasse de riz
- Sel au goût

Instructions:

Choisissez un poisson qui ne pèse pas plus de 2,2 livres, retirez les écailles, les branchies et les tripes et lavez-le bien. Salez et réservez.

Lavez les pommes de terre, les carottes et les oignons et mettez-les entiers dans une casserole à tremper, puis faites bouillir.

Ajoutez le céleri aux bottes pour qu'il ne s'étale pas à la cuisson, coupez les tomates en quatre et ajoutez-les avec l'huile et le sel.

Lorsque les légumes sont presque cuits, ajoutez plus d'eau et de poisson. Faites bouillir pendant 20 minutes, puis retirez-le du bouillon avec les légumes.

Disposez le poisson dans un plat de service, garnissez-le de légumes et filtrez le bouillon. Remettez le bouillon sur le feu en le diluant avec un peu d'eau. A ébullition, mettez le riz et assaisonnez de sel. Lorsque le riz est cuit, retirez la casserole du feu.

Préparez la sauce avgolemono :

Battez bien les œufs et ajoutez lentement le jus de citron. Mettez un peu de bouillon dans une louche et versez-le lentement dans les œufs en remuant constamment.

Enfin, ajoutez la sauce obtenue à la soupe et mélangez bien.

Nutrition (pour 100g) : 263 calories 17,1 g de matières grasses 18,6 g de glucides 9 g de protéines 823 mg de sodium

Riz Venere aux crevettes

Temps de préparation : 10 minutes

Temps de cuisson: 55 minutes

Portions : 3

Difficulté : Facile

Ingrédients:

- 1 ½ tasse de riz Venere noir (mieux que cuit à la vapeur)
- 5 cuillères à café d'huile d'olive extra vierge
- 10,5 onces de crevettes
- 10,5 onces de courgettes
- 1 citron (jus et zeste)
- Sel de table au goût
- Poivre noir au goût
- 1 gousse d'ail
- Tabasco au goût

Instructions:

Commençons par le riz :

Après avoir rempli la casserole avec beaucoup d'eau et fait bouillir, versez le riz, salez et laissez cuire le temps requis (voir les instructions de cuisson sur l'emballage).

Pendant ce temps, râpez les courgettes avec une râpe à gros trous. Faites chauffer l'huile d'olive dans une poêle avec une gousse d'ail épluchée, ajoutez les courgettes râpées, salez et poivrez et faites chauffer 5 minutes, retirez la gousse d'ail et réservez les légumes.

Maintenant, nettoyez les crevettes :

Retirez la coquille, coupez la queue, divisez-la en deux dans le sens de la longueur et retirez le sel (le fil foncé au dos). Placer les crevettes nettoyées dans un bol et assaisonner avec de l'huile d'olive; donnez-lui un peu de saveur en ajoutant du zeste de citron, du sel et du poivre, et quelques gouttes de Tabasco si vous le souhaitez.

Faites chauffer les crevettes dans une poêle chaude pendant quelques minutes. Une fois cuit, réserver.

Lorsque le riz Venere est prêt, égouttez-le dans un bol, ajoutez le mélange de courgettes et remuez.

Nutrition (pour 100g) : 293 calories 5 g de matières grasses 52 g de glucides 10 g de protéines 655 mg de sodium

Pennette au saumon et vodka

Temps de préparation : 10 minutes

Temps de cuisson: 18 minutes

Portions : 4

Difficulté : Facile

Ingrédients:

- Pennette Rigate, 14 onces
- 7 onces de saumon fumé
- 1,2 once d'échalotes
- 1,35 once liquide. onces (40 ml) de vodka
- 5 onces de tomates cerises
- 7 onces de crème fraîche (pour un plat plus léger, je recommande la crème végétale)
- Ciboulette au goût
- 3 cuillères à soupe d'huile d'olive extra vierge
- Sel au goût
- Poivre noir au goût
- Basilic au goût (pour la décoration)

Instructions:

Lavez et hachez les tomates et la ciboulette. Après avoir épluché l'échalote, hachez-la avec un couteau, mettez-la dans une casserole et laissez-la mariner quelques instants dans de l'huile d'olive extra vierge.

Pendant ce temps, coupez le saumon en lanières et faites-le revenir avec l'huile et les échalotes.

Mélangez le tout avec de la vodka, soyez prudent car il peut y avoir un incendie (si la flamme monte, ne vous inquiétez pas, elle s'éteindra dès que l'alcool sera complètement évaporé). Ajouter les tomates concassées et une pincée de sel et, si désiré, du poivre. Ajoutez enfin la crème et la ciboulette ciselée.

Pendant que la sauce bout, préparez les pâtes. Lorsque l'eau bout, versez les Pennette et laissez-les cuire al dente.

Égouttez les pâtes et versez-les dans la sauce pennette, laissez-les cuire quelques instants pour qu'elles absorbent toute la saveur. Garnir d'une feuille de basilic si désiré.

Nutrition (pour 100g) : 620 calories 21,9 g de matières grasses 81,7 g de glucides 24 g de protéines 326 mg de sodium

Carbonara aux fruits de mer

Temps de préparation : 15 minutes

Temps de cuisson: 50 minutes

Portions : 3

Difficulté : Facile

Ingrédients:

- 11,5 onces de spaghettis
- 3,5 onces de thon
- 3,5 onces d'espadon
- 3,5 onces de saumon
- 6 jaunes d'œufs
- 4 cuillères à soupe de fromage Parmigiano Reggiano
- 2 fl. oz (60 ml) de vin blanc
- 1 gousse d'ail
- Huile d'olive extra vierge au goût
- Sel de table au goût
- Poivre noir au goût

Instructions:

Faites bouillir de l'eau dans une casserole et ajoutez un peu de sel.

Pendant ce temps, versez 6 jaunes d'œufs dans un bol et ajoutez le parmesan râpé, le poivre et le sel. Battre au fouet et diluer avec un peu d'eau bouillante de la marmite.

Retirez tous les arêtes du saumon, les écailles de l'espadon et coupez le thon, le saumon et l'espadon en cubes.

A ébullition, jetez-y les pâtes et faites-les cuire légèrement al dente.

En même temps, faites chauffer un peu d'huile dans une grande poêle, ajoutez une gousse d'ail entière épluchée. Lorsque l'huile est chaude, déposez-y les cubes de poisson et faites-les revenir à feu vif pendant environ 1 minute. Retirez l'ail et ajoutez le vin blanc.

Lorsque l'alcool s'est évaporé, sortez les cubes de poisson et baissez le feu. Dès que les spaghettis sont prêts, ajoutez-les dans la poêle et laissez mijoter environ une minute en remuant constamment et en ajoutant de l'eau de cuisson si nécessaire.

Versez le mélange de jaunes d'œufs et les cubes de poisson. Bien mélanger. Servir.

Nutrition (pour 100g) : 375 calories 17 g de matières grasses 41,40 g de glucides 14 g de protéines 755 mg de sodium

Garganelli au pesto de courgettes et crevettes

Temps de préparation : 10 minutes

Temps de cuisson: 30 minutes

Portions : 4

Difficulté : moyenne

Ingrédients:

- 14 oz de Garganelli à base d'œufs
- Pour le pesto de courgettes :
- 7 onces de courgettes
- 1 tasse de pignons de pin
- 8 cuillères à soupe (0,35 oz) de basilic
- 1 cuillère à café de sel de table
- 9 cuillères à soupe d'huile d'olive extra vierge
- 2 cuillères à soupe de parmesan à râper
- 1 once de pecorino pour râper
- Pour les crevettes frites :
- 8,8 onces de crevettes
- 1 gousse d'ail
- 7 cuillères à café d'huile d'olive extra vierge
- Une pincée de sel

Instructions:

Commencez par préparer le pesto :

Après avoir lavé les courgettes, râpez-les, mettez-les dans une passoire (pour qu'elles perdent l'excès de liquide) et salez-les légèrement. Mettez les pignons de pin, les courgettes et les feuilles de basilic dans un mixeur. Ajouter le parmesan râpé, le pecorino et l'huile d'olive extra vierge.

Mélangez le tout jusqu'à ce que le mélange soit crémeux, ajoutez une pincée de sel et réservez.

Passer aux crevettes :

Tout d'abord, retirez les intestins en coupant le dos de la crevette sur toute sa longueur avec un couteau et retirez le fil noir à l'intérieur avec la pointe du couteau.

Faites revenir les gousses d'ail dans une poêle antiadhésive avec de l'huile d'olive extra vierge. Une fois doré, retirez l'ail et ajoutez les crevettes. Faites-les frire pendant environ 5 minutes à feu moyen jusqu'à ce que vous voyiez une croûte croustillante à l'extérieur.

Faites ensuite bouillir de l'eau salée dans une casserole et faites cuire les Garganelli. Réservez quelques cuillerées d'eau de cuisson et égouttez les pâtes al dente.

Mettez les Garganelli dans la poêle où vous avez cuit les crevettes. Faire bouillir l'ensemble une minute, ajouter une cuillerée d'eau de cuisson et enfin ajouter le pesto de courgettes.

Bien mélanger pour combiner les pâtes et la sauce.

Nutrition (pour 100g) : 776 calories 46 g de matières grasses 68 g de glucides 22,5 g de protéines 835 mg de sodium

Risotto au saumon

Temps de préparation : 10 minutes

Temps de cuisson: 30 minutes

Portions : 4

Difficulté : moyenne

Ingrédients:

- 1 ¾ tasses (12,3 onces) de riz
- 8,8 onces de darnes de saumon
- 1 poireau
- Huile d'olive extra vierge au goût
- 1 gousse d'ail
- ½ verre de vin blanc
- 3 ½ cuillères à soupe de Grana Padano râpé
- sel au goût
- Poivre noir au goût
- 17 onces liquides. oz (500 ml) de bouillon de poisson
- 1 tasse de beurre

Instructions:

Tout d'abord, nettoyez le saumon et coupez-le en petits morceaux. Faites chauffer 1 cuillère à soupe d'huile dans une poêle avec une gousse d'ail entière et faites revenir le saumon pendant 2/3 minutes, salez et réservez le saumon en retirant l'ail.

Commencez maintenant à préparer le risotto :

Coupez le poireau en tout petits morceaux et laissez-le mijoter dans une poêle à feu doux avec deux cuillères à soupe d'huile. Incorporez le riz et faites-le cuire quelques secondes à feu moyen-vif en remuant avec une cuillère en bois.

Incorporez le vin blanc et poursuivez la cuisson en remuant de temps en temps, en essayant de ne pas laisser le riz coller à la poêle, et ajoutez progressivement le bouillon (de légumes ou de poisson).

A mi-cuisson, ajoutez le saumon, le beurre et si nécessaire une pincée de sel. Lorsque le riz est bien cuit, retirez-le du feu. Incorporez quelques cuillères à soupe de Grana Padano râpé et servez.

Nutrition (pour 100g) : 521 calories 13 g de matières grasses 82 g de glucides 19 g de protéines 839 mg de sodium

Pâtes aux tomates cerises et anchois

Temps de préparation : 15 minutes

Temps de cuisson: 35 minutes

Portions : 4

Difficulté : Facile

Ingrédients:

- 10,5 onces de spaghettis
- 1,3 livre de tomates cerises
- 9 onces d'anchois (pré-nettoyés)
- 2 cuillères à soupe de câpres
- 1 gousse d'ail
- 1 petit oignon rouge
- Persil au goût
- Huile d'olive extra vierge au goût
- Sel de table au goût
- Poivre noir au goût
- Olives noires au goût

Instructions:

Coupez la gousse d'ail en fines tranches.

Coupez les tomates cerises 2. Épluchez l'oignon et émincez-le finement.

Mettez un peu d'huile dans une casserole avec l'ail et l'oignon émincés. Faites chauffer le tout à feu moyen pendant 5 minutes ; remuer de temps en temps.

Lorsque le tout est bien assaisonné, ajoutez les tomates cerises ainsi qu'une pincée de sel et de poivre. Cuire au four pendant 15 minutes. Pendant ce temps, placez une casserole d'eau sur le feu et dès qu'elle bout, ajoutez le sel et les pâtes.

Lorsque la sauce est presque prête, incorporez les anchois et laissez cuire quelques minutes. Remuer doucement.

Éteignez le feu, hachez le persil et placez-le dans la poêle.

Une fois cuites, égouttez les pâtes et incorporez-les directement à la sauce. Remettez le feu quelques secondes.

Nutrition (pour 100g) : 446 calories 10 g de matières grasses 66,1 g de glucides 22,8 g de protéines 934 mg de sodium

Orecchiette au brocoli et aux saucisses

Temps de préparation : 10 minutes

Temps de cuisson: 32 minutes

Portions : 4

Difficulté : moyenne

Ingrédients:

- 11,5 onces d'Orecchiettes
- 10,5 brocoli
- 10,5 onces de saucisse
- 1,35 once liquide. oz (40 ml) de vin blanc
- 1 gousse d'ail
- 2 brins de thym
- 7 cuillères à café d'huile d'olive extra vierge
- Poivre noir au goût
- Sel de table au goût

Instructions:

Faites bouillir une casserole pleine d'eau et de sel. Retirez les fleurons de brocoli de la tige et coupez-les en deux ou en quatre s'ils sont trop gros ; Mettez-les ensuite dans l'eau bouillante, couvrez la casserole avec un couvercle et faites bouillir pendant 6 à 7 minutes.

Pendant ce temps, hachez finement le thym et réservez. Retirez les boyaux de la saucisse et brisez-la délicatement avec une fourchette.

Faites revenir la gousse d'ail dans un peu d'huile d'olive et ajoutez le saucisson. Au bout de quelques secondes, ajoutez le thym et un peu de vin blanc.

Sans jeter l'eau de cuisson, retirez le brocoli cuit à l'aide d'une cuillère et ajoutez-le petit à petit à la viande. Faites bouillir le tout pendant 3-4 minutes. Retirez l'ail et ajoutez une pincée de poivre noir.

Ramenez à ébullition là où vous avez cuit le brocoli, puis jetez-y les pâtes et laissez bouillir. Lorsque les pâtes sont cuites, égouttez-les avec une écumoire et versez-les directement dans la sauce saucisses au brocoli. Mélangez ensuite bien en ajoutant du poivre noir et en laissant mijoter le tout dans la poêle pendant quelques minutes.

Nutrition (pour 100g) : 683 calories 36 g de matières grasses 69,6 g de glucides 20 g de protéines 733 mg de sodium

Risotto au radicchio et bacon fumé

Temps de préparation : 10 minutes

Temps de cuisson: 30 minutes

Portions : 3

Difficulté : moyenne

Ingrédients:

- 1 ½ tasse de riz
- 14 onces de radicchio
- 5,3 onces de bacon fumé
- 34 onces liquides. once (1 L) de bouillon de légumes
- 3,4 onces liquides. oz (100 ml) de vin rouge
- 7 cuillères à café d'huile d'olive extra vierge
- 1,7 once d'échalotes
- Sel de table au goût
- Poivre noir au goût
- 3 brins de thym

Instructions:

Commençons par préparer le bouillon de légumes.

Commencez par le radicchio : coupez-le en deux et retirez le centre (partie blanche). Coupez-le en lanières, rincez bien et réservez. Coupez également le lard fumé en petites lanières.

Hachez finement l'échalote et placez-la dans une poêle avec un peu d'huile. Portez à ébullition à feu moyen, versez le bouillon, puis ajoutez le bacon et faites dorer.

Après environ 2 minutes, ajoutez le riz et le pain grillé en remuant fréquemment. A ce stade, versez le vin rouge sur feu vif.

Lorsque tout l'alcool est évaporé, poursuivez la cuisson en ajoutant une louche de bouillon à la fois. Laissez sécher le précédent avant d'ajouter le second jusqu'à ce qu'il soit complètement cuit. Ajoutez du sel et du poivre noir (selon la quantité que vous décidez d'ajouter).

En fin de cuisson, ajoutez les lanières de radicchio. Mélangez-les bien jusqu'à ce qu'ils soient mélangés au riz, mais sans les faire bouillir. Ajouter le thym haché.

Nutrition (pour 100g) : 482 calories 17,5 g de matières grasses 68,1 g de glucides 13 g de protéines 725 mg de sodium

Pâtes sous Genovese

Temps de préparation : 10 minutes

Temps de cuisson: 25 minutes

Portions : 3

Difficulté : moyenne

Ingrédients:

- 11,5 onces de Ziti
- 1 livre de boeuf
- 2,2 livres d'oignons dorés
- 2 onces de céleri
- 2 onces de carottes
- 1 bouquet de persil
- 3,4 onces liquides. oz (100 ml) de vin blanc
- Huile d'olive extra vierge au goût
- Sel de table au goût
- Poivre noir au goût
- Parmesan au goût

Instructions:

Pour réaliser les pâtes, commencez comme suit :

Éplucher et hacher finement l'oignon et la carotte. Lavez ensuite et hachez finement le céleri (ne jetez pas les feuilles, qui doivent également être hachées et réservées). Ensuite, allez à la viande, nettoyez-la de l'excès de graisse et coupez-la en 5/6 gros morceaux. Enfin, attachez les feuilles de céleri et les brins de persil avec de la ficelle de cuisine pour créer un bouquet parfumé.

Versez beaucoup d'huile dans une grande poêle. Ajoutez l'oignon, le céleri et la carotte (que vous aviez préalablement réservé) et laissez-les cuire quelques minutes.

Ajoutez ensuite les morceaux de viande, une pincée de sel et un bouquet de parfum. Remuer et cuire quelques minutes. Ensuite, baissez le feu et couvrez avec un couvercle.

Cuire au moins 3 heures (ne pas ajouter d'eau ni de bouillon, car les oignons vont libérer tout le liquide nécessaire, ce qui évite que le fond de la casserole ne se dessèche). De temps en temps, vérifiez le tout et mélangez.

Après 3 heures de cuisson, retirez le bouquet d'herbes, augmentez un peu le feu, ajoutez un peu de vin et remuez.

Cuire la viande à découvert pendant environ une heure, en remuant souvent et en ajoutant le vin lorsque le fond de la poêle est sec.

À ce stade, prenez un morceau de viande, coupez-le en tranches sur une planche à découper et réservez. Tranchez les ziti et faites-les cuire dans de l'eau bouillante salée.

Lorsqu'il est cuit, égouttez-le et remettez-le dans la marmite. Versez quelques cuillères à soupe d'eau bouillante et remuez. Disposez sur une assiette et ajoutez un peu de sauce et de la viande émiettée (réservée à l'étape 7). Ajoutez du poivre et du parmesan râpé au goût.

Nutrition (pour 100g) : 450 calories 8 g de matières grasses 80 g de glucides 14,5 g de protéines 816 mg de sodium

Pâtes au chou-fleur de Naples

Temps de préparation : 15 minutes

Temps de cuisson: 35 minutes

Portions : 3

Difficulté : moyenne

Ingrédients:

- 10,5 onces de pâtes
- 1 chou-fleur
- 3,4 onces liquides. oz (100 ml) de purée de tomates
- 1 gousse d'ail
- 1 piment
- 3 cuillères à soupe d'huile d'olive extra vierge (ou cuillère à café)
- Sel au goût
- Poivre à goûter

Instructions:

Nettoyez bien le chou-fleur : retirez les feuilles extérieures et la tige. Coupez-le en petits fleurons.

Épluchez la gousse d'ail, hachez-la et faites-la revenir dans une casserole avec de l'huile et du piment.

Ajoutez le concentré de tomates et les bouquets de chou-fleur et faites revenir quelques minutes à feu moyen, puis couvrez de quelques louches d'eau et laissez cuire 15 à 20 minutes, ou au moins jusqu'à ce que le chou-fleur commence à devenir crémeux.

Si vous trouvez que le fond de la casserole est trop sec, ajoutez autant d'eau que nécessaire pour garder le mélange liquide.

À ce stade, couvrez le chou-fleur d'eau chaude et quand il bout, ajoutez les pâtes.

Assaisonnez avec du sel et du poivre.

Nutrition (pour 100g) :458 calories 18 g de matières grasses 65 g de glucides 9 g de protéines 746 mg de sodium

Pâtes e Fagioli à l'orange et au fenouil

Temps de préparation : 10 minutes

Temps de cuisson: 30 minutes

Portions : 5

Difficulté : Niveau de difficulté

Ingrédients:

- Huile d'olive extra vierge - 1 cuillère à soupe. plus un supplément pour le service
- Pancetta - 2 onces, finement hachée
- Oignon - 1, finement haché
- Fenouil - 1 oignon, tiges enlevées, oignon coupé en deux, épépiné et finement haché
- Céleri - 1 côte, hachée
- Ail - 2 gousses hachées
- Filets d'anchois - 3, rincés et hachés
- Origan frais haché - 1 cuillère à soupe.
- Zeste d'orange râpé - 2 c.
- Graines de fenouil - ½ c.
- Flocons de piment rouge - ¼ c.
- Tomates en dés - 1 boîte (28 oz)
- Parmesan - 1 crème, et plus pour servir
- Haricots Cannellini - 1 boîte (7 oz), rincée
- Bouillon de poulet - 2 ½ tasses
- Eau - 2 ½ tasses

- Sel et poivre
- Orzo - 1 tasse
- Persil frais haché - ¼ tasse

Instructions:

Faites chauffer l'huile dans une cocotte à feu moyen. Ajoutez la pancetta. Faire sauter pendant 3 à 5 minutes ou jusqu'à ce qu'il commence à dorer. Incorporer le céleri, le fenouil et l'oignon et faire sauter jusqu'à ce qu'ils ramollissent (environ 5 à 7 minutes).

Incorporer les flocons de piment, les graines de fenouil, le zeste d'orange, l'origan, les anchois et l'ail. Cuire 1 minute. Incorporez les tomates et leur jus. Incorporer la crème de parmesan et les haricots.

Laisser mijoter et cuire 10 minutes. Incorporer l'eau, le bouillon et 1 c. sel. Porter à ébullition à feu vif. Incorporer les pâtes et cuire al dente.

Retirer du feu et jeter le zeste de parmesan.

Incorporer le persil et assaisonner avec du sel et du poivre au goût. Versez un peu d'huile d'olive dessus et râpez un peu de parmesan râpé dessus. Servir.

Nutrition (pour 100g) : 502 calories 8,8 g de matières grasses 72,2 g de glucides 34,9 g de protéines 693 mg de sodium

Spaghettis au citron

Temps de préparation : 10 minutes

Temps de cuisson: 15 minutes

Portions : 6

Difficulté : Facile

Ingrédients:

- Huile d'olive extra vierge - ½ tasse
- Zeste de citron râpé - 2 c.
- Jus de citron - 1/3 tasse
- Ail - 1 gousse coupée en pâte
- Sel et poivre
- Fromage parmesan - 2 onces, râpé
- Spaghettis - 1 livre
- basilic frais haché - 6 c.

Instructions:

Fouetter l'ail, l'huile, le zeste de citron, le jus et ½ cuillère à café dans un bol. sel et ¼ c. poivre. Incorporer le parmesan et mélanger jusqu'à consistance crémeuse.

Pendant ce temps, faites cuire les pâtes selon les instructions sur l'emballage. Égoutter et réserver ½ tasse d'eau de cuisson. Ajouter le mélange d'huile et le basilic aux pâtes et mélanger jusqu'à consistance lisse. Assaisonnez bien et ajoutez de l'eau de cuisson si nécessaire. Servir.

Nutrition (pour 100g) : 398 calories 20,7 g de matières grasses 42,5 g de glucides 11,9 g de protéines 844 mg de sodium

Couscous aux légumes épicés

Temps de préparation : 10 minutes
Temps de cuisson: 20 minutes
Portions : 6
Difficulté : Difficile

Ingrédients:

- Chou-fleur - 1 tête, coupée en fleurons de 1 pouce
- Huile d'olive extra vierge - 6 c. plus un supplément pour le service
- Sel et poivre
- Couscous - 1 ½ tasse
- Courgettes - 1, coupées en morceaux de ½ pouce
- Poivron rouge – 1, équeuté, épépiné et coupé en morceaux de ½ pouce
- Ail - 4 gousses hachées
- Ras el Hanout - 2 c.
- Zeste de citron râpé - 1 c. plus des quartiers de citron pour servir
- Bouillon de poulet - 1 ¾ tasse
- Marjolaine fraîche hachée - 1 c.

Instructions:

Faites chauffer 2 cuillères à soupe dans une poêle. huile à feu moyen. Ajouter le chou-fleur, ¾ c. sel et ½ c. poivre. Remuer. Cuire au four jusqu'à ce que les fleurons brunissent et que les bords soient juste translucides.

Retirez le couvercle et faites cuire en remuant pendant 10 minutes ou jusqu'à ce que les fleurons soient dorés. Transférer dans un bol et nettoyer la poêle. Faites chauffer 2 cuillères à soupe. huile dans une poêle.

Ajoutez le couscous. Cuire et continuer à remuer pendant 3 à 5 minutes ou jusqu'à ce que les grains commencent à dorer. Transférer dans un bol et nettoyer la poêle. Faites chauffer les 3 cuillères à soupe restantes. huile dans une poêle et ajouter le paprika, les courgettes et ½ c. sel. Cuire au four pendant 8 minutes.

Incorporer le zeste de citron, le ras el hanout et l'ail. Cuire jusqu'à ce qu'il soit parfumé (environ 30 secondes). Placer dans le bouillon et laisser mijoter. Incorporer le couscous. Retirer du feu et laisser ramollir.

Ajouter la marjolaine et le chou-fleur; puis mélangez-le délicatement avec une fourchette jusqu'à consistance mousseuse. Arroser d'huile supplémentaire et bien assaisonner. Servir avec des tranches de citron.

Nutrition (pour 100g) : 787 calories 18,3 g de matières grasses 129,6 g de glucides 24,5 g de protéines 699 mg de sodium

Riz au four épicé au fenouil

Temps de préparation : 10 minutes

Temps de cuisson: 45 minutes

Portions : 8

Difficulté : moyenne

Ingrédients:

- Patates douces – 1,5 livre, pelées et coupées en morceaux de 1 pouce
- Huile d'olive extra vierge - ¼ tasse
- Sel et poivre
- Fenouil - 1 oignon finement haché
- Petit oignon - 1, finement haché
- Riz blanc à grains longs - 1 ½ tasse, rincé
- Ail - 4 gousses hachées
- Ras el Hanout - 2 c.
- Bouillon de poulet - 2 ¾ tasses
- Grosses olives vertes dénoyautées et séchées en saumure - ¾ tasse, coupées en deux
- Coriandre fraîche hachée - 2 c.
- Tranches de citron vert

Instructions:

Placer la grille du four au centre et préchauffer le four à 400 F. Remuer les pommes de terre ½ c. sel et 2 c. huile.

Disposez les pommes de terre en une seule couche sur une plaque à pâtisserie à rebords et faites-les rôtir pendant 25 à 30 minutes ou jusqu'à ce qu'elles soient tendres. A mi-cuisson, remuez les pommes de terre.

Retirez les pommes de terre et baissez la température du four à 350F. Dans une cocotte, faites chauffer les 2 cuillères à soupe restantes. huile à feu moyen.

Ajouter l'oignon et le fenouil; puis cuire pendant 5 à 7 minutes ou jusqu'à ce qu'il soit ramolli. Incorporer le ras el hanout, l'ail et le riz. Faire sauter pendant 3 minutes.

Incorporer les olives et le bouillon et laisser reposer 10 minutes. Ajouter les pommes de terre au riz et mélanger délicatement avec une fourchette jusqu'à consistance mousseuse. Assaisonnez avec du sel et du poivre selon votre goût. Garnir de coriandre et servir avec des quartiers de citron vert.

Nutrition (pour 100g) : 207 calories 8,9 g de matières grasses 29,4 g de glucides 3,9 g de protéines 711 mg de sodium

Couscous à la marocaine aux pois chiches

Temps de préparation : 5 minutes

Temps de cuisson: 18 minutes

Portions : 6

Difficulté : moyenne

Ingrédients:

- Huile d'olive extra vierge – ¼ tasse, un supplément pour servir
- Couscous - 1 ½ tasse
- Carottes pelées et finement hachées - 2
- Oignon finement haché - 1
- Sel et poivre
- Ail - 3 gousses hachées
- Coriandre moulue - 1 c.
- Gingembre moulu - c.
- Graines d'anis moulues - ¼ c.
- Bouillon de poulet - 1 ¾ tasse
- Pois chiches - 1 boîte (15 oz), rincée
- Petits pois surgelés - 1 ½ tasse
- Persil frais ou coriandre haché - ½ tasse
- Tranches de citrons

Instructions:

Faites chauffer 2 cuillères à soupe. huile dans une poêle à feu moyen. Incorporer le couscous et cuire 3 à 5 minutes ou jusqu'à ce qu'il commence à dorer. Transférer dans un bol et nettoyer la poêle.

Faites chauffer les 2 cuillères à soupe restantes. huile dans une poêle et ajouter l'oignon, la carotte et 1 c. sel. Cuire au four pendant 5 à 7 minutes. Incorporer l'anis, le gingembre, la coriandre et l'ail. Cuire jusqu'à ce qu'il soit parfumé (environ 30 secondes).

Incorporer les pois chiches et le bouillon et porter à ébullition. Incorporer le couscous et les petits pois. Couvrir et retirer du feu. Réserver jusqu'à ce que le couscous soit tendre.

Ajoutez le persil au couscous et saupoudrez à la fourchette. Arroser d'huile supplémentaire et bien assaisonner. Servir avec des tranches de citron.

Nutrition (pour 100g) : 649 calories 14,2 g de matières grasses 102,8 g de glucides 30,1 g de protéines 812 mg de sodium

Paella végétarienne aux haricots verts et pois chiches

Temps de préparation : 10 minutes
Temps de cuisson: 35 minutes
Portions : 4
Difficulté : Facile

Ingrédients:

- Une pincée de safran
- Bouillon de légumes - 3 tasses
- Huile d'olive - 1 cuillère à soupe.
- Oignon jaune - 1 gros haché
- Ail - 4 gousses, tranchées
- Piment rouge - 1, haché
- Tomates concassées – ¾ tasse, fraîches ou en conserve
- Pâte de tomate - 2 c.
- Piment fort - 1 ½ c.
- Sel - 1 c.
- Poivre noir fraîchement moulu - ½ c.
- Haricots verts – 1 ½ tasse, parés et coupés en deux
- Pois chiches - 1 boîte (15 oz), égoutter et rincer
- Riz blanc à grains courts - 1 tasse
- Citron - 1, coupé en tranches

Instructions:

Mélangez les fils de safran avec 3 c. eau tiède dans un petit bol. Faire bouillir de l'eau dans une casserole à feu moyen. Baissez le feu et laissez mijoter.

Faites chauffer l'huile dans une poêle à feu moyen. Incorporer l'oignon et faire sauter pendant 5 minutes. Ajoutez le paprika et l'ail et faites sauter pendant 7 minutes ou jusqu'à ce que le poivre ait ramolli. Mélangez le mélange safran-eau, le sel, le poivre, le paprika, le concentré de tomates et les tomates.

Ajoutez le riz, les pois chiches et les haricots verts. Incorporer le bouillon tiède et porter à ébullition. Baissez le feu et laissez mijoter à découvert pendant 20 minutes.

Servir chaud, garni de quartiers de citron.

Nutrition (pour 100g) : 709 calories 12 g de matières grasses 121 g de glucides 33 g de protéines 633 mg de sodium

Crevettes à l'ail, tomates et basilic

Temps de préparation : 10 minutes

Temps de cuisson: 10 minutes

Portions : 4

Difficulté : Facile

Ingrédients:

- Huile d'olive - 2 c.
- Crevettes - 1 ¼ livre, pelées et déveinées
- Ail - 3 gousses hachées
- Flocons de piment rouge broyés - 1/8 c.
- Vin blanc sec - ¾ tasse
- Tomates raisins - 1 ½ tasse
- Basilic frais finement haché – ¼ tasse, et plus pour la garniture
- Sel - ¾ c.
- Poivre noir moulu - ½ c.

Instructions:

Faites chauffer l'huile dans une poêle à feu moyen-vif. Ajouter les crevettes et cuire 1 minute ou jusqu'à ce qu'elles soient bien cuites. Transférer dans une assiette.

Placez les flocons de piment rouge et l'ail dans l'huile de la poêle et faites cuire en remuant pendant 30 secondes. Incorporer le vin et cuire jusqu'à réduction environ de moitié.

Ajoutez les tomates et faites sauter jusqu'à ce qu'elles commencent à se décomposer (environ 3-4 minutes). Incorporer les crevettes réservées, le sel, le poivre et le basilic. Cuire encore 1 à 2 minutes.

Servir garni du basilic restant.

Nutrition (pour 100g) : 282 calories 10 g de matières grasses 7 g de glucides 33 g de protéines 593 mg de sodium

Paella aux crevettes

Temps de préparation : 10 minutes

Temps de cuisson: 25 minutes

Portions : 4

Difficulté : moyenne

Ingrédients:

- Huile d'olive - 2 c.
- Oignon moyen - 1, haché
- Piment rouge - 1, haché
- Ail - 3 gousses hachées
- Une pincée de safran
- Piment fort - ¼ c.
- Sel - 1 c.
- Poivre noir fraîchement moulu - ½ c.
- Bouillon de poulet – 3 tasses, divisé
- Riz blanc à grains courts - 1 tasse
- Grosses crevettes pelées et hachées - 1 livre
- Petits pois surgelés - 1 tasse, décongelés

Instructions:

Faites chauffer l'huile d'olive dans une poêle. Incorporer l'oignon et le poivron et faire sauter pendant 6 minutes ou jusqu'à ce qu'ils soient ramollis. Ajoutez le sel, le poivre, le paprika, le safran et l'ail et remuez. Incorporer 2 ½ tasses de bouillon et le riz.

Portez le mélange à ébullition, puis laissez mijoter jusqu'à ce que le riz soit cuit, environ 12 minutes. Placez les crevettes et les pois sur le riz et ajoutez la ½ tasse de bouillon restante.

Remettez le couvercle sur la poêle et laissez cuire jusqu'à ce que toutes les crevettes soient cuites (environ 5 minutes). Servir.

Nutrition (pour 100g) : 409 calories 10 g de matières grasses 51 g de glucides 25 g de protéines 693 mg de sodium

Salade de lentilles aux olives, menthe et feta

Temps de préparation : 60 minutes
Temps de cuisson: 60 minutes
Portions : 6
Difficulté : moyenne

Ingrédients:

- Sel et poivre
- Lentilles françaises - 1 tasse, cueillies et rincées
- Ail - 5 gousses légèrement écrasées et pelées
- Feuille de laurier - 1
- Huile d'olive extra vierge - 5 c.
- Vinaigre de vin blanc - 3 c.
- Olives Kalamata dénoyautées - ½ tasse, hachées
- Menthe fraîche hachée - ½ tasse
- Échalote - 1 grosse, hachée
- Fromage feta - 1 once, émietté

Instructions:

Ajoutez 4 tasses d'eau tiède et 1 c. saler dans un bol. Ajouter les lentilles et laisser tremper à température ambiante pendant 1 heure. Bien égoutter.

Placez une grille de four au centre et préchauffez le four à 325 F. Mélangez les lentilles, 4 tasses d'eau, l'ail, le laurier et ½ c. saler dans une casserole. Couvrez la casserole avec un couvercle, mettez au four et faites cuire pendant 40 à 60 minutes ou jusqu'à ce que les lentilles soient tendres.

Bien égoutter les lentilles en jetant l'ail et le laurier. Dans un grand bol, mélanger l'huile et le vinaigre. Ajoutez les échalotes, la menthe, les olives et les lentilles et remuez.

Assaisonnez avec du sel et du poivre selon votre goût. Disposer joliment dans un plat de service et garnir de feta. Servir.

Nutrition (pour 100g) : 249 calories 14,3 g de matières grasses 22,1 g de glucides 9,5 g de protéines 885 mg de sodium

Pois chiches à l'ail et au persil

Temps de préparation : 5 minutes

Temps de cuisson: 20 minutes

Portions : 6

Difficulté : moyenne

Ingrédients:

- Huile d'olive extra vierge - ¼ tasse
- Ail - 4 gousses, tranchées finement
- Flocons de piment rouge - 1/8 c.
- Oignon - 1, haché
- Sel et poivre
- Pois chiches - 2 boîtes (15 oz), rincées
- Bouillon de poulet - 1 tasse
- Persil frais haché - 2 c.
- Jus de citron - 2 c.

Instructions:

Ajoutez 3 cuillères à soupe dans la poêle. huiler et cuire l'ail et les flocons de piment pendant 3 minutes. Incorporer l'oignon et ¼ c. saler et cuire 5 à 7 minutes.

Incorporer les pois chiches et le bouillon et porter à ébullition. Baissez le feu et laissez mijoter sous le couvercle pendant 7 minutes.

Découvrez et augmentez le feu et laissez cuire 3 minutes ou jusqu'à ce que tout le liquide se soit évaporé. Réserver et incorporer le jus de citron et le persil.

Assaisonnez avec du sel et du poivre selon votre goût. Arroser de 1 cuillère à soupe. huiler et servir.

Nutrition (pour 100g) : 611 calories 17,6 g de matières grasses 89,5 g de glucides 28,7 g de protéines 789 mg de sodium

Compote de pois chiches aux aubergines et tomates

Temps de préparation : 10 minutes
Temps de cuisson: 60 minutes
Portions : 6
Difficulté : Facile

Ingrédients:

- Huile d'olive extra vierge - ¼ tasse
- Oignon - 2, haché
- Poivre vert - 1, finement haché
- Sel et poivre
- Ail - 3 gousses hachées
- Origan frais haché - 1 cuillère à soupe.
- Feuilles de laurier - 2
- Aubergine – 1 livre, coupée en morceaux de 1 pouce
- Tomates entières pelées - 1 boîte, égouttées de leur jus, réservées, hachées
- Pois chiches - 2 boîtes (15 oz), égouttées avec 1 tasse de liquide

Instructions:

Placez une grille de four dans la section centrale inférieure et préchauffez le four à 400 F. Faites chauffer l'huile dans une cocotte. Ajouter le paprika, l'oignon, ½ c. sel et ¼ c. poivre. Faire sauter pendant 5 minutes.

Incorporer 1 c. l'origan, l'ail et les feuilles de laurier et cuire 30 secondes. Incorporer les tomates, les aubergines, le jus réservé, les pois chiches et le liquide et porter à ébullition. Placez la casserole au four et faites cuire à découvert pendant 45 à 60 minutes. En remuant deux fois.

Jetez les feuilles de laurier. Incorporer les 2 c. l'origan et assaisonner de sel et de poivre. Servir.

Nutrition (pour 100g) : 642 calories 17,3 g de matières grasses 93,8 g de glucides 29,3 g de protéines 983 mg de sodium

Riz grec au citron

Temps de préparation : 20 minutes
Temps de cuisson: 45 minutes
Portions : 6
Difficulté : moyenne

Ingrédients:

- Riz à grains longs - 2 tasses non cuit (trempé 20 minutes dans de l'eau froide, puis égoutté)
- Huile d'olive extra vierge - 3 c.
- Oignon jaune - 1 moyen, haché
- Ail - 1 gousse hachée
- Pâtes orzo - ½ tasse
- Jus de 2 citrons et zeste d'1 citron
- Bouillon faible en sodium - 2 tasses
- Une pincée de sel
- Persil haché - 1 grosse poignée
- aneth - 1 c.

Instructions:

Faites chauffer 3 cuillères à soupe dans une casserole. Huile d'olive vierge extra. Ajoutez les oignons et faites sauter pendant 3-4 minutes. Ajouter les pâtes orzo et l'ail et mélanger.

Ajoutez ensuite le riz pour couvrir. Ajouter le bouillon et le jus de citron. Porter à ébullition et réduire le feu. Couvrir et cuire au four environ 20 minutes.

Retirer du feu. Couvrir et laisser reposer 10 minutes. Ouvrez et incorporez le zeste de citron, l'aneth et le persil. Servir.

Nutrition (pour 100g) : 145 calories 6,9 g de matières grasses 18,3 g de glucides 3,3 g de protéines 893 mg de sodium

Riz à l'ail et aux herbes

Temps de préparation : 10 minutes

Temps de cuisson: 30 minutes

Portions : 4

Difficulté : Facile

Ingrédients:

- Huile d'olive extra vierge - ½ tasse, divisée
- Grosses gousses d'ail - 5, hachées
- Riz brun au jasmin - 2 tasses
- Eau - 4 tasses
- Sel de mer - 1 c.
- Poivre noir - 1 c.
- Ciboulette fraîche hachée - 3 c.
- persil frais haché - 2 c.
- Basilic frais haché - 1 cuillère à soupe.

Instructions:

Ajouter ¼ tasse d'huile d'olive, l'ail et le riz dans une casserole. Remuer et chauffer à feu moyen. Incorporer l'eau, le sel marin et le poivre noir. Ensuite, mélangez à nouveau.

Porter à ébullition et réduire le feu. Laisser mijoter à découvert en remuant de temps en temps.

Lorsque l'eau est presque absorbée, ajoutez le quart de tasse d'huile d'olive restant avec le basilic, le persil et la ciboulette.

Remuer jusqu'à ce que les herbes soient combinées et que toute l'eau soit absorbée.

Nutrition (pour 100g) : 304 calories 25,8 g de matières grasses 19,3 g de glucides 2 g de protéines 874 mg de sodium

Salade de riz méditerranéenne

Temps de préparation : 10 minutes

Temps de cuisson: 25 minutes

Portions : 4

Difficulté : moyenne

Ingrédients:

- Huile d'olive extra vierge - ½ tasse, divisée
- Riz brun à grains longs - 1 tasse
- Eau - 2 tasses
- Jus de citron frais - ¼ tasse
- Gousse d'ail - 1, hachée
- Romarin frais haché - 1 c.
- Menthe fraîche hachée - 1 c.
- Endives belges - 3, hachées
- Poivron rouge - 1 moyen, haché
- Concombre de serre - 1, haché
- Oignon vert entier haché - ½ tasse
- Olives Kalamata hachées - ½ tasse
- Flocons de piment rouge - ¼ c.
- Fromage feta écrasé - ¾ tasse
- Sel de mer et poivre noir

Instructions:

Faites chauffer ¼ tasse d'huile d'olive, le riz et une pincée de sel dans une casserole à feu doux. Remuer pour enrober le riz. Ajouter de l'eau et laisser mijoter jusqu'à ce que l'eau soit absorbée. En remuant de temps en temps. Versez le riz dans un grand bol et laissez refroidir.

Dans un autre bol, mélanger le ¼ tasse d'huile d'olive restante, les flocons de piment rouge, les olives, l'oignon vert, le concombre, le poivron, l'endive, la menthe, le romarin, l'ail et le jus de citron.

Ajoutez le riz au mélange et remuez. Incorporer délicatement le fromage feta.

Goûtez et assaisonnez. Servir.

Nutrition (pour 100g) : 415 calories 34 g de matières grasses 28,3 g de glucides 7 g de protéines 4 755 mg de sodium

Salade de haricots frais et thon

Temps de préparation : 5 minutes

Temps de cuisson: 20 minutes

Portions : 6

Difficulté : Facile

Ingrédients:

- Haricots frais décortiqués (écaillés) - 2 tasses
- Feuilles de laurier - 2
- Huile d'olive extra vierge - 3 c.
- Vinaigre de vin rouge - 1 cuillère à soupe.
- Sel et poivre noir
- Thon de la meilleure qualité - 1 boîte (6 oz), emballée dans de l'huile d'olive
- câpres salées - 1 cuillère à soupe. trempé et séché
- Persil finement haché à feuilles plates - 2 c.
- Oignon rouge - 1, tranché

Instructions:

Faites bouillir de l'eau légèrement salée dans une casserole. Ajouter les haricots et les feuilles de laurier; puis faites cuire au four pendant 15 à 20 minutes ou jusqu'à ce que les haricots soient tendres mais encore fermes. Égoutter, jeter les aromates et transférer dans un bol.

Mélangez immédiatement les haricots avec le vinaigre et l'huile. Ajoutez du sel et du poivre noir. Bien mélanger et assaisonner. Égouttez le thon et la chair de thon émietté dans la salade de haricots. Ajouter le persil et les câpres. Mélanger et parsemer de tranches d'oignon rouge. Servir.

Nutrition (pour 100g) : 85 calories 7,1 g de matières grasses 4,7 g de glucides 1,8 g de protéines 863 mg de sodium

Délicieuses pâtes au poulet

Temps de préparation : 10 minutes

Temps de cuisson: 17 minutes

Portions : 4

Difficulté : Facile

Ingrédients:

- 3 poitrines de poulet, sans peau, désossées, coupées en morceaux
- 9 onces de pâtes de blé entier
- 1/2 tasse d'olives, tranchées
- 1/2 tasse de tomates séchées au soleil
- 1 cuillère à soupe de poivron rouge rôti, haché
- Boîte de 14 oz de tomates, coupées en dés
- 2 tasses de sauce marinara
- 1 tasse de bouillon de poulet
- Poivre
- sel

Instructions:

Mélanger tous les ingrédients sauf les pâtes de blé entier dans une cocotte minute.

Fermez le couvercle et faites cuire à feu vif pendant 12 minutes.

Lorsque vous êtes prêt, laissez la pression se relâcher naturellement. Enlever le couvercle.

Ajoutez les pâtes et mélangez bien. Fermez à nouveau le pot et sélectionnez et réglez manuellement la minuterie sur 5 minutes.

Lorsque vous avez terminé, relâchez la pression pendant 5 minutes, puis relâchez le reste avec un relâchement rapide. Enlever le couvercle. Bien mélanger et servir.

Nutrition (pour 100g) : 615 calories 15,4 g de matières grasses 71 g de glucides 48 g de protéines 631 mg de sodium

Bol de riz pour tacos aux saveurs

Temps de préparation : 10 minutes

Temps de cuisson: 14 minutes

Portions : 8

Difficulté : moyenne

Ingrédients:

- 1 livre de bœuf haché
- 8 onces de fromage cheddar, râpé
- 14 onces de haricots rouges
- 2 onces d'assaisonnement pour tacos
- 16 onces de salsa
- 2 tasses d'eau
- 2 tasses de riz brun
- Poivre
- sel

Instructions:

Mettez la cocotte minute en mode cuisson.

Ajoutez la viande dans la casserole et faites-la frire jusqu'à ce qu'elle soit dorée.

Ajouter l'eau, les haricots, le riz, l'assaisonnement pour tacos, le poivre et le sel et bien mélanger.

Salsa au top. Fermez le couvercle et laissez cuire à feu vif pendant 14 minutes.

Lorsque vous êtes prêt, relâchez la pression avec le système de dégagement rapide. Enlever le couvercle.

Incorporer le fromage cheddar et remuer jusqu'à ce que le fromage soit fondu.

Servir et déguster.

Nutrition (pour 100g) : 464 calories 15,3 g de matières grasses 48,9 g de glucides 32,2 g de protéines 612 mg de sodium

Délicieux macaroni au fromage

Temps de préparation : 10 minutes
Temps de cuisson: 10 minutes
Portions : 6
Difficulté : Facile

Ingrédients:

- 16 oz de pâtes coudées de blé entier
- 4 tasses d'eau
- 1 tasse de tomates en boîte, hachées
- 1 cuillère à café d'ail, émincé
- 2 cuillères à soupe d'huile d'olive
- 1/4 tasse d'oignon vert, haché
- 1/2 tasse de parmesan, râpé
- 1/2 tasse de fromage mozzarella, râpé
- 1 tasse de fromage cheddar, râpé
- 1/4 tasse de pâtes
- 1 tasse de lait d'amande non sucré
- 1 tasse d'artichauts marinés, hachés
- 1/2 tasse de tomates séchées au soleil, tranchées
- 1/2 tasse d'olives, tranchées
- 1 cuillère à café de sel

Instructions:

Ajouter les pâtes, l'eau, les tomates, l'ail, l'huile et le sel dans la cocotte minute et bien mélanger. Couvrir et cuire à feu vif.

Lorsque vous avez terminé, relâchez la pression pendant quelques minutes puis relâchez le reste à l'aide du système de dégagement rapide. Enlever le couvercle.

Mettez la casserole en mode cuisson. Ajouter les oignons verts, le parmesan, la mozzarella, le cheddar, la passata, le lait d'amande, l'artichaut, les tomates séchées au soleil et les olives. Bien mélanger.

Bien mélanger et cuire jusqu'à ce que le fromage soit fondu.

Servir et déguster.

Nutrition (pour 100g) : 519 calories 17,1 g de matières grasses 66,5 g de glucides 25 g de protéines 588 mg de sodium

Riz concombre-olive

Temps de préparation : 10 minutes

Temps de cuisson: 10 minutes

Portions : 8

Difficulté : moyenne

Ingrédients:

- 2 tasses de riz, rincé
- 1/2 tasse d'olives, dénoyautées
- 1 tasse de concombre, coupé en dés
- 1 cuillère à soupe de vinaigre de vin rouge
- 1 cuillère à café de zeste de citron, râpé
- 1 cuillère à soupe de jus de citron frais
- 2 cuillères à soupe d'huile d'olive
- 2 tasses de bouillon de légumes
- 1/2 cuillère à café d'origan séché
- 1 poivron rouge, haché
- 1/2 tasse d'oignon, haché
- 1 cuillère à soupe d'huile d'olive
- Poivre
- sel

Instructions:

Ajoutez de l'huile dans la casserole intérieure de l'Instant Pot et réglez la casserole en mode mijotage. Ajouter l'oignon et faire revenir 3 minutes. Ajouter le paprika et l'origan et faire revenir 1 minute.

Ajouter le riz et le bouillon et bien mélanger. Fermez le couvercle et faites cuire à feu vif pendant 6 minutes. Lorsque vous avez terminé, laissez la pression se relâcher pendant 10 minutes, puis relâchez le reste avec un relâchement rapide. Enlever le couvercle.

Ajoutez le reste des ingrédients et mélangez bien. Servir immédiatement et déguster.

Nutrition (pour 100g) : 229 calories 5,1 g de matières grasses 40,2 g de glucides 4,9 g de protéines 210 mg de sodium

Saveurs Risotto aux herbes

Temps de préparation : 10 minutes
Temps de cuisson: 15 minutes
Portions : 4
Difficulté : moyenne

Ingrédients:

- 2 tasses de riz
- 2 cuillères à soupe de parmesan râpé
- 3,5 onces de crème épaisse
- 1 cuillère à soupe d'origan frais, haché
- 1 cuillère à soupe de basilic frais haché
- 1/2 cuillère à soupe de sauge hachée
- 1 oignon, haché
- 2 cuillères à soupe d'huile d'olive
- 1 cuillère à café d'ail, émincé
- 4 tasses de bouillon de légumes
- Poivre
- sel

Instructions:

Ajoutez de l'huile dans le récipient intérieur de l'Instant Pot et cliquez sur le mode de brunissage du pot. Ajoutez l'ail et l'oignon dans la casserole intérieure de l'autocuiseur et réglez la casserole en mode ragoût. Ajouter l'ail et l'oignon et faire revenir pendant 2-3 minutes.

Ajouter le reste des ingrédients, sauf le parmesan et la crème, et bien mélanger. Fermez le couvercle et faites cuire à feu vif pendant 12 minutes.

Une fois cela fait, relâchez la pression pendant 10 minutes, puis relâchez le reste avec un relâchement rapide. Enlever le couvercle. Incorporer la crème et le fromage et servir.

Nutrition (pour 100g) : 514 calories 17,6 g de matières grasses 79,4 g de glucides 8,8 g de protéines 488 mg de sodium

Délicieuses pâtes Primavera

Temps de préparation : 10 minutes

Temps de cuisson: 4 minutes

Portions : 4

Difficulté : Facile

Ingrédients:

- 8 onces de penne de blé entier
- 1 cuillère à soupe de jus de citron frais
- 2 cuillères à soupe de persil frais haché
- 1/4 tasse d'amandes hachées
- 1/4 tasse de parmesan, râpé
- Boîte de 14 oz de tomates, coupées en dés
- 1/2 tasse de pruneaux
- 1/2 tasse de courgettes, hachées
- 1/2 tasse d'asperges
- 1/2 tasse de carottes, hachées
- 1/2 tasse de brocoli, haché
- 1 3/4 tasse de bouillon de légumes
- Poivre
- sel

Instructions:

Ajoutez le bouillon, les panais, les tomates, les prunes, les courgettes, les asperges, les carottes et le brocoli dans l'Instant Pot et mélangez bien. Couvrir et cuire à feu vif pendant 4 minutes. Lorsque vous êtes prêt, relâchez la pression avec le système de dégagement rapide. Retirez le couvercle. Mélangez bien le reste des ingrédients et servez.

Nutrition (pour 100g) : 303 calories 2,6 g de matières grasses 63,5 g de glucides 12,8 g de protéines 918 mg de sodium

Pâte de poivrons grillés

Temps de préparation : 10 minutes
Temps de cuisson: 13 minutes
Portions : 6
Difficulté : moyenne

Ingrédients:

- 1 livre de penne de blé entier
- 1 cuillère à soupe d'assaisonnement italien
- 4 tasses de bouillon de légumes
- 1 cuillère à soupe d'ail, émincé
- 1/2 oignon, haché
- Boîte de 14 oz de poivrons rouges rôtis
- 1 tasse de fromage feta, émietté
- 1 cuillère à soupe d'huile d'olive
- Poivre
- sel

Instructions:

Ajouter le poivron rôti dans le mélangeur et mélanger jusqu'à consistance lisse. Versez de l'huile dans la marmite intérieure de l'autocuiseur et mettez la marmite en mode sauté. Ajoutez l'ail et l'oignon dans la tasse intérieure de l'autocuiseur et mettez la marmite à frire. Ajouter l'ail et l'oignon et faire revenir pendant 2-3 minutes.

Ajouter le mélange de poivrons grillés et laisser mijoter pendant 2 minutes.

Ajouter le reste des ingrédients, sauf la feta, et bien mélanger. Fermez-le hermétiquement et faites cuire à puissance élevée pendant 8 minutes. Lorsque vous avez terminé, relâchez naturellement la pression pendant 5 minutes, puis relâchez le reste avec un relâchement rapide. Enlever le couvercle. Garnir de fromage feta et servir.

Nutrition (pour 100g) : 459 calories 10,6 g de matières grasses 68,1 g de glucides 21,3 g de protéines 724 mg de sodium

Fromage Basilic Tomate Riz

Temps de préparation : 10 minutes

Temps de cuisson: 26 minutes

Portions : 8

Difficulté : moyenne

Ingrédients:

- 1 1/2 tasse de riz brun
- 1 tasse de parmesan, râpé
- 1/4 tasse de basilic frais, haché
- 2 tasses de tomates raisins, coupées en deux
- Boîte de 8 onces de sauce tomate
- 1 3/4 tasse de bouillon de légumes
- 1 cuillère à soupe d'ail, émincé
- 1/2 tasse d'oignon, haché
- 1 cuillère à soupe d'huile d'olive
- Poivre
- sel

Instructions:

Versez de l'huile dans le bol intérieur de l'Instant Pot et sélectionnez la poêle à dorer. Placez l'ail et l'oignon dans le récipient intérieur de la cocotte minute et laissez mijoter. Incorporer l'ail et l'oignon et faire revenir pendant 4 minutes. Ajouter le riz, la sauce tomate, le bouillon, le poivre et le sel et bien mélanger.

Fermez-le et faites cuire à feu vif pendant 22 minutes.

Lorsque vous avez terminé, laissez-le dépressuriser pendant 10 minutes, puis relâchez le reste avec un relâchement rapide. Retirez le capuchon. Ajoutez le reste des ingrédients et mélangez. Servir et déguster.

Nutrition (pour 100g) : 208 calories 5,6 g de matières grasses 32,1 g de glucides 8,3 g de protéines 863 mg de sodium

macaronis au fromage

Temps de préparation : 10 minutes

Temps de cuisson: 4 minutes

Portions : 8

Difficulté : Facile

Ingrédients:

- 1 livre de pâtes de blé entier
- 1/2 tasse de parmesan, râpé
- 4 tasses de fromage cheddar, râpé
- 1 tasse de lait
- 1/4 cuillère à café de poudre d'ail
- 1/2 cuillère à café de moutarde moulue
- 2 cuillères à soupe d'huile d'olive
- 4 tasses d'eau
- Poivre
- sel

Instructions:

Ajouter les pâtes, la poudre d'ail, la moutarde, l'huile, l'eau, le poivre et le sel dans la cocotte minute. Couvrir hermétiquement et cuire à feu vif pendant 4 minutes. Lorsque vous êtes prêt, relâchez la pression avec le système de dégagement rapide. Ouvrez le couvercle. Mettez le reste des ingrédients, mélangez bien et servez.

Nutrition (pour 100g) : 509 calories 25,7 g de matières grasses 43,8 g de glucides 27,3 g de protéines 766 mg de sodium

Pâtes au thon

Temps de préparation : 10 minutes
Temps de cuisson: 8 minutes
Portions : 6
Difficulté : moyenne

Ingrédients:

- 10 oz de thon en boîte, égoutté
- 15 onces de pâtes rotini de blé entier
- 4 onces de fromage mozzarella, coupé en dés
- 1/2 tasse de parmesan, râpé
- 1 cuillère à café de basilic séché
- 14 onces de tomate
- 4 tasses de bouillon de légumes
- 1 cuillère à soupe d'ail, émincé
- 8 onces de champignons, tranchés
- 2 courgettes, tranchées
- 1 oignon, haché
- 2 cuillères à soupe d'huile d'olive
- Poivre
- sel

Instructions:

Versez de l'huile dans la marmite intérieure de l'autocuiseur et poussez la marmite pour laisser mijoter. Ajouter les champignons, les courgettes et l'oignon et faire revenir jusqu'à ce que l'oignon soit ramolli. Ajouter l'ail et faire revenir pendant une minute.

Ajouter les pâtes, le basilic, le thon, les tomates et le bouillon et bien mélanger. Couvrir et cuire à feu vif pendant 4 minutes. Lorsque vous avez terminé, relâchez la pression pendant 5 minutes, puis relâchez le reste avec un relâchement rapide. Enlever le couvercle. Ajoutez le reste des ingrédients, mélangez bien et servez.

Nutrition (pour 100g) : 346 calories 11,9 g de matières grasses 31,3 g de glucides 6,3 g de protéines 830 mg de sodium

Panini mélange avocat et dinde

Temps de préparation : 5 minutes

Temps de cuisson: 8 minutes

Portions : 2

Difficulté : Facile

Ingrédients:

- 2 poivrons rouges rôtis et coupés en lanières
- ¼ lb de poitrine de dinde fumée au mesquite tranchée finement
- 1 tasse de feuilles d'épinards frais entières, divisées
- 2 tranches de fromage provolone
- 1 cuillère à soupe d'huile d'olive, divisée
- 2 petits pains ciabatta
- ¼ tasse de mayonnaise
- ½ avocat mûr

Instructions:

Réduisez soigneusement la mayonnaise et l'avocat dans un bol. Préchauffez ensuite la presse à panini.

Coupez les pâtisseries en deux et graissez l'intérieur de la pâtisserie avec de l'huile d'olive. Remplissez-le ensuite de farce en les superposant : provolone, poitrine de dinde, poivron rouge rôti, feuilles d'épinards, étalez le mélange d'avocat et recouvrez d'une autre tranche de pain.

Placez le sandwich dans le presse-panini et faites griller pendant 5 à 8 minutes jusqu'à ce que le fromage soit fondu et que le pain soit croustillant et croustillant.

Nutrition (pour 100g) : 546 calories 34,8 g de matières grasses 31,9 g de glucides 27,8 g de protéines 582 mg de sodium

Wrap au concombre, poulet et mangue

Temps de préparation : 5 minutes

Temps de cuisson: 20 minutes

Portions : 1

Difficulté : Difficile

Ingrédients:

- ½ concombre moyen, coupé dans le sens de la longueur
- ½ mangue mûre
- 1 cuillère à soupe de vinaigrette facultative
- 1 tortilla de blé entier
- 1 pouce d'épaisseur de poitrine de poulet d'environ 6 pouces
- 2 cuillères à soupe d'huile pour la friture
- 2 cuillères à soupe de farine de blé entier
- 2 à 4 feuilles de laitue
- Sel et poivre au goût

Instructions:

Coupez la poitrine de poulet en lanières de 1 pouce et faites simplement cuire ensemble en lanières de 6 pouces. Ce serait comme deux lanières de poulet. Conservez le reste du poulet pour une utilisation future.

Assaisonnez le poulet avec du poivre et du sel. Versez la farine de blé entier.

Placez une petite poêle antiadhésive sur feu moyen et faites chauffer l'huile. Lorsque l'huile est chaude, ajoutez les lanières de poulet et faites-les frire jusqu'à ce qu'elles soient dorées, environ 5 minutes de chaque côté.

Pendant que le poulet cuit, placez les tortillas au four et laissez cuire 3 à 5 minutes. Réservez ensuite et disposez sur une assiette.

Coupez le concombre dans le sens de la longueur, n'en utilisez que la moitié et conservez le reste. Coupez le concombre en quartiers et retirez l'intérieur. Placez deux tranches de concombre sur la tortilla, à 1 pouce du bord.

Tranchez la mangue et conservez l'autre face avec les graines. Épluchez la mangue sans les graines, coupez-la en lanières et placez-la sur la tortilla sur le concombre.

Une fois le poulet cuit, disposez-le à côté du concombre en rangée.

Ajouter une feuille de concombre, arroser de vinaigrette si désiré.

Rouler dans une tortilla, servir et déguster.

Nutrition (pour 100g) : 434 calories 10 g de matières grasses 65 g de glucides 21 g de protéines 691 mg de sodium

Fattoush - Pain du Moyen-Orient

Temps de préparation : 10 minutes

Temps de cuisson: 15 minutes

Portions : 6

Difficulté : Difficile

Ingrédients:

- 2 miches de pain pita
- 1 cuillère à soupe d'huile d'olive extra vierge
- 1/2 cuillère à café de sumac, plus pour plus tard
- Sel et poivre
- 1 cœur de laitue romaine
- 1 concombre anglais
- 5 tomates romaines
- 5 oignons verts
- 5 radis
- 2 tasses de feuilles de persil frais hachées
- 1 tasse de feuilles de menthe fraîche hachées
- <u>Ingrédients de la sauce :</u>
- 1 1/2 citron vert, jus
- 1/3 tasse d'huile d'olive extra vierge
- Sel et poivre
- 1 cuillère à café de sumac moulu
- 1/4 cuillère à café de cannelle moulue
- à peine 1/4 cuillère à café de piment de la Jamaïque moulu

Instructions:

Faire griller le pain pita au four grille-pain pendant 5 minutes. Et puis cassez le pain pita en morceaux.

Faites chauffer 3 cuillères à soupe d'huile d'olive dans une grande poêle à feu moyen pendant 3 minutes. Ajouter le pain pita et faire frire jusqu'à ce qu'il soit doré, environ 4 minutes, en remuant.

Ajoutez du sel, du poivre et 1/2 cuillère à café de sumac. Retirez les chips de pita du feu et égouttez-les sur du papier absorbant.

Mélangez la laitue hachée, le concombre, les tomates, l'oignon vert, les tranches de radis, les feuilles de menthe et le persil dans un grand bol à salade.

Pour préparer la vinaigrette au citron vert, fouettez ensemble tous les ingrédients dans un petit bol.

Versez la vinaigrette sur la salade et mélangez bien. Incorporer le pain pita.

Servir et déguster.

Nutrition (pour 100g) : 192 calories 13,8 g de matières grasses 16,1 g de glucides 3,9 g de protéines 655 mg de sodium

Focaccia sans gluten à l'ail et aux tomates

Temps de préparation : 5 minutes

Temps de cuisson: 20 minutes

Portions : 8

Difficulté : Difficile

Ingrédients:

- 1 oeuf
- ½ cuillère à café de jus de citron
- 1 cuillère à soupe de miel
- 4 cuillères à soupe d'huile d'olive
- Une pincée de sucre
- 1 ¼ tasse d'eau tiède
- 1 cuillère à soupe de levure sèche active
- 2 cuillères à café de romarin haché
- 2 cuillères à café de thym haché
- 2 cuillères à café de basilic haché
- 2 gousses d'ail, hachées
- 1 ¼ cuillère à café de sel marin
- 2 cuillères à café de gomme xanthane
- ½ tasse de farine de millet
- 1 tasse de fécule de pomme de terre, pas de farine
- 1 tasse de farine de sorgho
- Farine de maïs sans gluten pour saupoudrer

Instructions:

Allumez le four pendant 5 minutes puis éteignez-le en gardant la porte du four fermée.

Mélangez de l'eau tiède et une pincée de sucre. Ajoutez la levure et mélangez délicatement. Laisser poser 7 minutes.

Dans un grand bol à mélanger, fouetter ensemble les herbes, l'ail, le sel, la gomme xanthane, la fécule et la farine. Une fois la levure solidifiée, versez la farine dans le bol. Incorporer l'œuf, le jus de citron, le miel et l'huile d'olive.

Mélangez soigneusement et placez dans un moule carré bien graissé et saupoudré de semoule de maïs. Garnir d'ail frais, de plus d'herbes et de tomates tranchées. Placer au four chauffé et laisser lever pendant une demi-heure.

Allumez le four à 375°F et après le temps de préchauffage de 20 minutes. La focaccia est prête lorsque le dessus est légèrement doré. Retirer immédiatement du four et de la poêle et laisser refroidir. Meilleur servi chaud.

Nutrition (pour 100g) : 251 calories 9 g de matières grasses 38,4 g de glucides 5,4 g de protéines 366 mg de sodium

Burgers grillés aux champignons

Temps de préparation : 15 minutes

Temps de cuisson: 10 minutes

Portions : 4

Difficulté : moyenne

Ingrédients:

- 2 laitues Bibb, fendues
- 4 tranches d'oignon rouge
- 4 tranches de tomate
- 4 petits pains de blé entier, grillés
- 2 cuillères à soupe d'huile d'olive
- ¼ cuillère à café de poivre de Cayenne, facultatif
- 1 gousse d'ail, hachée
- 1 cuillère à soupe de sucre
- ½ tasse d'eau
- 1/3 tasse de vinaigre balsamique
- 4 gros chapeaux de champignons Portobello, d'environ 5 pouces de diamètre

Instructions:

Retirez les pieds des champignons et nettoyez-les avec un chiffon humide. Placer dans un plat allant au four, branchies vers le haut.

Dans un bol, bien mélanger l'huile d'olive, le poivre de Cayenne, l'ail, le sucre, l'eau et le vinaigre. Verser sur les champignons et laisser mariner les champignons pendant au moins une heure.

Lorsque l'heure est presque écoulée, préchauffez le gril à feu moyen et graissez la grille du gril.

Griller les champignons pendant cinq minutes de chaque côté ou jusqu'à ce qu'ils soient tendres. Tartiner les champignons de marinade pour qu'ils ne se dessèchent pas.

Pour assembler, déposer ½ petit pain sur une assiette, garnir d'une tranche d'oignon, de champignon, de tomate et d'une feuille de laitue. Couvrir avec l'autre moitié supérieure du pain. Répétez le processus avec le reste des ingrédients, servez et dégustez.

Nutrition (pour 100g) : 244 calories 9,3 g de matières grasses 32 g de glucides 8,1 g de protéines 693 mg de sodium

Baba Ghanoush méditerranéen

Temps de préparation : 10 minutes

Temps de cuisson: 25 minutes

Portions : 4

Difficulté : moyenne

Ingrédients:

- 1 oignon ail
- 1 poivron rouge, coupé en deux et épépiné
- 1 cuillère à soupe de basilic frais haché
- 1 cuillère à soupe d'huile d'olive
- 1 cuillère à café de poivre noir
- 2 aubergines tranchées dans le sens de la longueur
- 2 tours de pain plat ou pita
- Jus de 1 citron

Instructions:

Badigeonner la grille d'un enduit à cuisson et préchauffer le gril à feu moyen-vif.

Tranchez le dessus de l'oignon et de l'ail et enveloppez-le dans du papier d'aluminium. Placer dans la partie la plus froide du gril et rôtir pendant au moins 20 minutes. Placez les poivrons et les tranches d'aubergines sur la partie la plus chaude du gril. Griller des deux côtés.

Lorsque les oignons sont cuits, retirez la peau de l'ail rôti et placez l'ail pelé dans un robot culinaire. Ajouter l'huile d'olive, le poivre, le basilic, le jus de citron, le poivron rouge grillé et l'aubergine grillée. Réduire en purée et verser dans un bol.

Griller le pain pendant au moins 30 secondes de chaque côté pour qu'il soit bien chaud. Servir le pain avec la trempette en purée et déguster.

Nutrition (pour 100g) : 231,6 calories 4,8 g de matières grasses 36,3 g de glucides 6,3 g de protéines 593 mg de sodium

Petits pains multigrains et sans gluten

Temps de préparation : 10 minutes

Temps de cuisson: 20 minutes

Portions : 8

Difficulté : moyenne

Ingrédients:

- ½ cuillère à café de vinaigre de cidre de pomme
- 3 cuillères à soupe d'huile d'olive
- 2 oeufs
- 1 cuillère à café de levure chimique
- 1 cuillère à café de sel
- 2 cuillères à café de gomme xanthane
- ½ tasse de fécule de tapioca
- ¼ tasse de farine de teff brun
- ¼ tasse de farine de lin
- ¼ tasse de farine d'amarante
- ¼ tasse de farine de sorgho
- ¾ tasse de farine de riz brun

Instructions:

Mélangez bien l'eau et le miel dans un petit bol et ajoutez la levure. Laissez-le pendant exactement 10 minutes.

À l'aide d'un batteur à palette, mélanger : la levure chimique, le sel, la gomme xanthane, la farine de lin, la farine de sorgho, la farine de teff, la fécule de tapioca, la farine d'amarante et la farine de riz brun.

Dans un bol moyen, fouetter ensemble le vinaigre, l'huile d'olive et les œufs.

Versez le mélange de vinaigre et de levure dans le bol des ingrédients secs et mélangez bien.

Vaporiser un moule à muffins de 12 tasses avec un enduit à cuisson. Versez la pâte uniformément dans 12 moules à muffins et laissez lever une heure.

Préchauffez ensuite le four à 375 °F et faites cuire les petits pains jusqu'à ce que le dessus soit doré, environ 20 minutes.

Sortez immédiatement les petits pains du four et les moules à muffins et laissez refroidir.

Meilleur servi chaud.

Nutrition (pour 100g) : 207 calories 8,3 g de matières grasses 27,8 g de glucides 4,6 g de protéines 844 mg de sodium

Linguines aux fruits de mer

Temps de préparation : 10 minutes

Temps de cuisson: 35 minutes

Portions : 2

Difficulté : Difficile

Ingrédients:

- 2 gousses d'ail, hachées
- 4 onces de Linguine, grains entiers
- 1 cuillère à soupe d'huile d'olive
- 14 onces de tomates, en conserve et coupées en dés
- 1/2 cuillère à soupe d'échalotes hachées
- 1/4 tasse de vin blanc
- Sel de mer et poivre noir au goût
- 6 boîtes Cherrystone, nettoyées
- 4 onces de tilapia, coupé en lanières de 1 pouce
- 4 onces de pétoncles géants secs
- 1/8 tasse de parmesan, râpé
- 1/2 cuillère à café de marjolaine, hachée et fraîche

Instructions:

Portez une casserole d'eau à ébullition, puis faites cuire les pâtes jusqu'à ce qu'elles soient tendres, ce qui devrait prendre environ huit minutes. Égouttez puis rincez les pâtes.

Faites chauffer l'huile dans une grande poêle à feu moyen et lorsque l'huile est chaude, ajoutez l'ail et les échalotes. Cuire une minute et remuer fréquemment.

Augmentez le feu à moyen-vif et portez à ébullition avant d'ajouter le sel, le vin, le poivre et les tomates. Cuire encore une minute.

Ensuite, ajoutez vos palourdes, couvrez et laissez cuire encore deux minutes.

Incorporez ensuite la marjolaine, les pétoncles et le poisson. Continuez la cuisson jusqu'à ce que le poisson soit complètement cuit et que vos palourdes soient ouvertes. Cela prendra jusqu'à cinq minutes et supprimera toutes les boîtes qui ne s'ouvriront pas.

Versez la sauce et vos palourdes sur les pâtes, saupoudrez de parmesan et de marjolaine avant de servir. Servir chaud.

Nutrition (pour 100g) : 329 calories 12 g de matières grasses 10 g de glucides 33 g de protéines 836 mg de sodium

Crevettes et tomates au gingembre

Temps de préparation : 10 minutes

Temps de cuisson: 15 minutes

Portions : 2

Difficulté : Difficile

Ingrédients:

- 1 1/2 cuillères à soupe d'huile végétale
- 1 gousse d'ail, hachée
- 10 crevettes extra grosses, décortiquées et avec la queue
- 3/4 cuillère à soupe avec les doigts, râpée et pelée
- 1 tomate verte, coupée en deux
- 2 tomates italiennes, coupées en deux
- 1 cuillère à soupe de jus de citron vert frais
- 1/2 cuillère à café de sucre
- 1/2 cuillère à soupe de piment jalapeno épépiné, frais et haché
- 1/2 cuillère à soupe de basilic frais et haché
- 1/2 cuillère à soupe de coriandre, hachée et fraîche
- 10 tiges
- Sel de mer et poivre noir au goût

Instructions:

Faites tremper les tiges dans l'eau pendant au moins une demi-heure.

Mélangez l'ail et le gingembre dans un bol, transférez la moitié dans un bol plus grand et mélangez avec deux cuillères à soupe d'huile. Ajoutez les crevettes et assurez-vous qu'elles sont bien enrobées.

Couvrir et réfrigérer au moins une demi-heure, puis laisser prendre au réfrigérateur.

Chauffer le gril à feu vif et huiler légèrement les grilles. Retirez le bol et mélangez les tomates prunes et vertes avec la cuillère à soupe d'huile restante, assaisonnez de sel et de poivre.

Faites griller vos tomates côté coupé vers le haut et la peau doit être carbonisée. La chair de votre tomate doit être molle, ce qui devrait prendre quatre à six minutes pour une tomate italienne et environ dix minutes pour une tomate verte.

Retirez la peau lorsque les tomates sont suffisamment froides pour être manipulées et jetez les graines. Hachez finement la chair des tomates en l'ajoutant au gingembre et à l'ail. Ajouter le sucre, le jalapeno, le jus de citron vert et le basilic.

Assaisonnez vos crevettes avec du sel et du poivre pendant que vous les enfilez sur les brochettes, puis faites-les griller jusqu'à ce qu'elles soient opaques, soit environ deux minutes de chaque côté. Disposez les crevettes dans une assiette de votre choix et dégustez.

Nutrition (pour 100g) : 391 calories 13 g de matières grasses 11 g de glucides 34 g de protéines 693 mg de sodium

Crevettes et pâtes

Temps de préparation : 10 minutes

Temps de cuisson: 10 minutes

Portions : 2

Difficulté : moyenne

Ingrédients:

- 2 tasses de pâtes Angel Hair, cuites
- 1/2 livre de crevettes moyennes, décortiquées
- 1 gousse d'ail, hachée
- 1 tasse de tomates hachées
- 1 cuillère à café d'huile d'olive
- 1/6 tasse d'olives Kalamata, dénoyautées et hachées
- 1/8 tasse de basilic, frais et tranché finement
- 1 cuillère à soupe de câpres, égouttées
- 1/8 tasse de fromage feta, émietté
- Un peu de poivre noir

Instructions:

Cuire les pâtes selon les instructions sur l'emballage, puis faire chauffer l'huile d'olive dans une poêle à feu moyen-vif. Faites cuire l'ail pendant une demi-minute, puis ajoutez les crevettes. Faites frire encore une minute.

Ajoutez votre basilic et votre tomate puis réduisez le feu et laissez mijoter pendant trois minutes. Votre tomate doit être tendre.

Mélangez vos olives et vos câpres. Ajoutez une pincée de poivre noir et mélangez le mélange de crevettes et les pâtes pour servir. Couvrir de fromage avant de servir chaud.

Nutrition (pour 100g) : 357 calories 11 g de matières grasses 9 g de glucides 30 g de protéines 871 mg de sodium

Morue pochée

Temps de préparation : 10 minutes
Temps de cuisson: 25 minutes
Portions : 2
Difficulté : moyenne

Ingrédients:

- 2 filets de morue, 6 oz
- Sel de mer et poivre noir au goût
- 1/4 tasse de vin blanc sec
- 1/4 tasse de fruits de mer
- 2 gousses d'ail, hachées
- 1 feuille de laurier
- 1/2 cuillère à café de sauge fraîche et hachée
- 2 brins de romarin pour la décoration

Instructions:

Pour commencer, mettez le four à 375 puis assaisonnez le filet de sel et de poivre. Placez-les dans une rôtissoire et ajoutez l'ail, le vin, la sauge et le laurier à votre bouillon. Bien couvrir puis cuire une vingtaine de minutes. Votre poisson doit être feuilleté lorsqu'il est testé à la fourchette.

Utilisez une spatule pour retirer chaque filet, placez le liquide sur feu vif et faites bouillir pour réduire de moitié. Cela devrait prendre dix minutes et vous devrez remuer souvent. Servir arrosé du liquide de pochage et garni d'un brin de romarin.

Nutrition (pour 100g) : 361 calories 10 g de matières grasses 9 g de glucides 34 g de protéines 783 mg de sodium

Moules au vin blanc

Temps de préparation : 5 minutes
Temps de cuisson: 10 minutes
Portions : 2
Difficulté : Difficile

Ingrédients:

- 2 livres. Moules vivantes, fraîches
- 1 tasse de vin blanc sec
- 1/4 cuillère à café de sel marin, fin
- 3 gousses d'ail, hachées
- 2 cuillères à café d'échalotes, coupées en dés
- 1/4 tasse de persil, frais et haché, divisé
- 2 cuillères à soupe d'huile d'olive
- 1/4 citron, jus

Instructions:

Retirez la passoire et frottez les moules en les rinçant à l'eau froide. Jetez les moules qui ne se ferment pas lorsqu'on les tape, puis retirez la barbe de chacune à l'aide d'un couteau d'office.

Retirer de la casserole, placer sur feu moyen à élevé et ajouter l'ail, les échalotes, le vin et le persil. Porter à ébullition. Une fois que le tout mijote uniformément, ajoutez les moules et couvrez. Laissez-les mijoter pendant cinq à sept minutes. Assurez-vous qu'ils ne cuisent pas trop.

Utilisez une écumoire pour les retirer et ajoutez le jus de citron et l'huile d'olive dans la casserole. Bien mélanger et verser le bouillon sur les moules avant de servir avec le persil.

Nutrition (pour 100g) : 345 calories 9 g de matières grasses 18 g de glucides 37 g de protéines 693 mg de sodium

Saumon à l'aneth

Temps de préparation : 10 minutes

Temps de cuisson: 15 minutes

Portions : 2

Difficulté : moyenne

Ingrédients:

- 2 filets de saumon, 6 oz chacun
- 1 cuillère à soupe d'huile d'olive
- 1/2 mandarine, jus
- 2 cuillères à café de zeste d'orange
- 2 cuillères à soupe d'aneth, frais et haché
- Sel de mer et poivre noir au goût

Instructions:

Préchauffez le four à 375 degrés, puis retirez deux morceaux de papier d'aluminium de dix pouces. Badigeonner les deux côtés du filet d'huile d'olive avant de l'assaisonner de sel et de poivre et déposer chaque filet sur un morceau de papier d'aluminium.

Arrosez chacun d'un filet de jus d'orange, puis garnissez de zeste d'orange et d'aneth. Pliez l'emballage et fermez-le en vous assurant qu'il y a deux pouces d'espace d'air à l'intérieur du papier d'aluminium pour permettre au poisson de cuire à la vapeur, puis placez-le dans un plat allant au four.

Cuire au four quinze minutes avant d'ouvrir les paquets et transférer dans deux assiettes de service. Avant de servir, versez la sauce sur chacun.

Nutrition (pour 100g) : 366 calories 14 g de matières grasses 9 g de glucides 36 g de protéines 689 mg de sodium

Saumon lisse

Temps de préparation : 8 minutes

Temps de cuisson: 8 minutes

Portions : 2

Difficulté : Facile

Ingrédients:

- Saumon, filet de 6 oz
- Citron, 2 tranches
- Câpres, 1 cuillère à soupe
- Sel de mer et poivre, 1/8 cuillère à café
- Huile d'olive extra vierge, 1 cuillère à soupe

Instructions:

Placer une poêle propre sur feu moyen et cuire 3 minutes. Versez l'huile d'olive dans une assiette et couvrez complètement le saumon. Faites cuire le saumon dans une poêle à feu vif.

Farcir le saumon avec le reste des ingrédients et retourner pour cuire des deux côtés. Remarquez si les deux côtés sont marron. Cela peut prendre 3 à 5 minutes de chaque côté. Assurez-vous que le saumon est cuit en le testant avec une fourchette.

Servir avec des tranches de citron.

Nutrition (pour 100g) : 371 calories 25,1 g de matières grasses 0,9 g de glucides 33,7 g de protéines 782 mg de sodium

Mélodie du thon

Temps de préparation : 20 minutes

Temps de cuisson: 20 minutes

Portions : 2

Difficulté : Facile

Ingrédients:

- Thon, 12 onces
- Oignon vert, 1 pour la décoration
- Poivron, ¼, haché
- Vinaigre, 1 trait
- Sel et poivre au goût
- Avocats, 1, coupés en deux et dénoyautés
- yaourt grec, 2 cuillères à soupe

Instructions:

Dans un bol, mélanger le thon avec le vinaigre, l'oignon, le yaourt, l'avocat et le poivre.

Ajouter les assaisonnements, mélanger et servir avec une garniture d'oignons verts.

Nutrition (pour 100g) : 294 calories 19 g de matières grasses 10 g de glucides 12 g de protéines 836 mg de sodium

Fromage de mer

Temps de préparation : 12 minutes

Temps de cuisson: 25 minutes

Portions : 2

Difficulté : Facile

Ingrédients:

- Saumon, filet de 6 oz
- Basilic séché, 1 cuillère à soupe
- Fromage, 2 cuillères à soupe, râpé
- Tomate, 1, tranchée
- Huile d'olive extra vierge, 1 cuillère à soupe

Instructions:

Préparer le four à 375 F. Tapisser un plat allant au four de papier d'aluminium et vaporiser d'huile de cuisson. Placer délicatement le saumon sur la plaque à pâtisserie et garnir du reste des ingrédients.

Laissez dorer le saumon pendant 20 minutes. Laisser refroidir cinq minutes et transférer dans une assiette de service. Au milieu de l'espace, vous verrez une couverture.

Nutrition (pour 100g) : 411 calories 26,6 g de matières grasses 1,6 g de glucides 8 g de protéines 822 mg de sodium

Des steaks sains

Temps de préparation : 10 minutes

Temps de cuisson: 20 minutes

Portions : 2

Difficulté : Facile

Ingrédients:

- Huile d'olive, 1 cuillère à café
- Steak de flétan, 8 oz
- Ail, ½ cuillère à café, haché
- Beurre, 1 cuillère à soupe
- Sel et poivre au goût

Instructions:

Faites chauffer une poêle et ajoutez de l'huile. Faire dorer les steaks dans une poêle à feu moyen, faire fondre le beurre avec l'ail, le sel et le poivre. Ajouter les steaks, remuer pour enrober et servir.

Nutrition (pour 100g) : 284 calories 17 g de matières grasses 0,2 g de glucides 8 g de protéines 755 mg de sodium

Saumon aux légumes

Temps de préparation : 8 minutes

Temps de cuisson: 18 minutes

Portions : 2

Difficulté : Facile

Ingrédients:

- Saumon, 2 filets sans peau
- Gros sel au goût
- Huile d'olive extra vierge, 1 cuillère à soupe
- Citron, 1, tranché
- Romarin frais, 4 brins

Instructions:

Préchauffer le four à 400F. Placez du papier d'aluminium dans un plat allant au four et déposez-y le saumon. Versez le reste des ingrédients sur le saumon et laissez cuire 20 minutes. Servir immédiatement avec des quartiers de citron.

Nutrition (pour 100g) : 257 calories 18 g de matières grasses 2,7 g de glucides 7 g de protéines 836 mg de sodium

Thon glacé fumé

Temps de préparation : 35 minutes

Temps de cuisson: 10 minutes

Portions : 2

Difficulté : Facile

Ingrédients:

- Thon, steaks de 4 onces
- Jus d'orange, 1 cuillère à soupe
- Ail haché, ½ gousse
- Jus de citron, ½ cuillère à café
- Persil frais, 1 cuillère à soupe, haché
- Sauce soja, 1 cuillère à soupe
- Huile d'olive extra vierge, 1 cuillère à soupe
- Poivre noir moulu, ¼ cuillère à café
- Origan, ¼ cuillère à café

Instructions:

Choisissez un bol à mélanger et ajoutez tous les ingrédients sauf le thon. Mélangez bien puis ajoutez le thon à la marinade. Mettez ce mélange au réfrigérateur pendant une demi-heure. Faites chauffer la poêle et faites cuire le thon 5 minutes des deux côtés. Servir cuit.

Nutrition (pour 100g) : 200 calories 7,9 g de matières grasses 0,3 g de glucides 10 g de protéines 734 mg de sodium

Flétan croustillant

Temps de préparation : 20 minutes
Temps de cuisson: 15 minutes
Portions : 2
Difficulté : Facile

Ingrédients:

- Persil dessus
- Aneth frais, 2 cuillères à soupe, haché
- Ciboulette fraîche, 2 cuillères à soupe, hachée
- Huile d'olive, 1 cuillère à soupe
- Sel et poivre au goût
- Flétan, filet, 6 oz
- Zeste de citron, ½ cuillère à café, finement râpé
- yaourt grec, 2 cuillères à soupe

Instructions:

Préchauffer le four à 400F. Tapisser une plaque à pâtisserie de papier d'aluminium. Ajouter tous les ingrédients dans un plat large et faire mariner les filets. Rincer et sécher le filet ; puis mettre au four et cuire au four pendant 15 minutes.

Nutrition (pour 100g) : 273 calories 7,2 g de matières grasses 0,4 g de glucides 9 g de protéines 783 mg de sodium

Thon en forme

Temps de préparation : 15 minutes

Temps de cuisson: 10 minutes

Portions : 2

Difficulté : Facile

Ingrédients:

- Oeuf, ½
- Oignon, 1 cuillère à soupe, finement haché
- Céleri dessus
- Sel et poivre au goût
- Ail, 1 gousse, hachée
- Thon en conserve, 7 oz
- yaourt grec, 2 cuillères à soupe

Instructions:

Égouttez le thon et ajoutez l'œuf et le yaourt avec l'ail, le sel et le poivre.

Mélangez ce mélange avec l'oignon dans un bol et formez des galettes. Prenez une grande poêle et faites dorer les galettes 3 minutes de chaque côté. Égoutter et servir.

Nutrition (pour 100g) : 230 calories 13 g de matières grasses 0,8 g de glucides 10 g de protéines 866 mg de sodium

Steaks de poisson chauds et frais

Temps de préparation : 14 minutes

Temps de cuisson: 14 minutes

Portions : 2

Difficulté : Facile

Ingrédients:

- Ail, 1 gousse, hachée
- Jus de citron, 1 cuillère à soupe
- Cassonade, 1 cuillère à soupe
- Steak de flétan, 1 lb
- Sel et poivre au goût
- Sauce soja, ¼ cuillère à café
- Beurre, 1 cuillère à café
- yaourt grec, 2 cuillères à soupe

Instructions:

Préchauffer le gril à feu moyen. Mélanger le beurre, le sucre, le yaourt, le jus de citron, la sauce soja et les assaisonnements dans un bol. Faites chauffer le mélange dans une poêle. Utilisez ce mélange pour badigeonner le steak pendant la cuisson. Servir chaud.

Nutrition (pour 100g) : 412 calories 19,4 g de matières grasses 7,6 g de glucides 11 g de protéines 788 mg de sodium

Moules O'Marine

Temps de préparation : 20 minutes

Temps de cuisson: 10 minutes

Portions : 2

Difficulté : Facile

Ingrédients:

- Moules décortiquées et déveinées, 1 lb
- Lait de coco, ½ tasse
- Poivre de Cayenne, 1 cuillère à café
- Jus de citron frais, 1 cuillère à soupe
- Ail, 1 cuillère à café, haché
- Coriandre fraîchement hachée pour la garniture
- Cassonade, 1 cuillère à café

Instructions:

Mélanger tous les ingrédients sauf les moules dans une casserole. Faites chauffer le mélange et laissez bouillir. Ajoutez les moules et laissez cuire 10 minutes. Servir dans un récipient avec le liquide cuit.

Nutrition (pour 100g) : 483 calories 24,4 g de matières grasses 21,6 g de glucides 1,2 g de protéines 499 mg de sodium

Rôti de bœuf méditerranéen à la mijoteuse

Temps de préparation : 10 minutes
Temps de cuisson: 10 heures et 10 minutes
Portions : 6
Difficulté : moyenne

Ingrédients:

- 3 livres de steak de paleron, désossé
- 2 cuillères à café de romarin
- ½ tasse de tomates séchées et hachées
- 10 gousses d'ail râpé
- ½ tasse de bouillon de bœuf
- 2 cuillères à soupe de vinaigre balsamique
- ¼ tasse de persil italien haché, frais
- ¼ tasse d'olives hachées
- 1 cuillère à café de zeste de citron
- ¼ tasse de gruau de fromage

Instructions:

Placer l'ail, les tomates séchées au soleil et le rosbif dans la mijoteuse. Ajouter le bouillon de bœuf et le romarin. Fermez le feu et laissez cuire lentement pendant 10 heures.

Après la cuisson, retirez le bœuf et émincez la viande. Jetez la graisse. Remettez la viande hachée dans la mijoteuse et laissez mijoter 10 minutes. Dans un petit bol, mélanger le zeste de citron, le persil et les olives. Réfrigérer le mélange jusqu'au moment de servir. Garnir du mélange refroidi.

Servir avec des pâtes ou des nouilles aux œufs. Couvrez-le de gruau de fromage.

Nutrition (pour 100g) : 314 calories 19 g de matières grasses 1 g de glucides 32 g de protéines 778 mg de sodium

Bœuf méditerranéen à la mijoteuse et artichauts

Temps de préparation: 3 heures et 20 minutes
Temps de cuisson: 7 heures et 8 minutes
Portions : 6
Difficulté : Facile

Ingrédients:

- 2 livres de bœuf pour le ragoût
- 14 onces de cœurs d'artichauts
- 1 cuillère à soupe d'huile de pépins de raisin
- 1 oignon haché
- 32 onces de bouillon de bœuf
- 4 gousses d'ail, râpées
- 14½ onces de tomates en conserve, coupées en dés
- 15 onces de sauce tomate
- 1 cuillère à café d'origan séché
- ½ tasse d'olives dénoyautées et hachées
- 1 cuillère à café de persil séché
- 1 cuillère à café d'origan séché
- ½ cuillère à café de cumin moulu
- 1 cuillère à café de basilic séché
- 1 feuille de laurier
- ½ cuillère à café de sel

Instructions:

Versez un peu d'huile dans une grande poêle antiadhésive et faites chauffer à feu moyen-vif. Rôti de bœuf jusqu'à ce qu'il soit doré des deux côtés. Placez le bœuf dans la mijoteuse.

Ajouter le bouillon de bœuf, les tomates concassées, la sauce tomate, le sel et mélanger. Versez le bouillon de bœuf, les tomates concassées, l'origan, les olives, le basilic, le persil, le laurier et le cumin. Mélangez soigneusement le mélange.

Fermez et laissez cuire à feu doux pendant 7 heures. Jetez la feuille de laurier au moment de servir. Servir chaud.

Nutrition (pour 100g) : 416 calories 5 g de matières grasses 14,1 g de glucides 29,9 g de protéines 811 mg de sodium

Rôti braisé de style méditerranéen à la mijoteuse

Temps de préparation : 30 minutes
Temps de cuisson : 8 heures
Portions : 10
Difficulté : Difficile

Ingrédients:

- 4 lb Oeil de rôti rond
- 4 gousses d'ail
- 2 cuillères à café d'huile d'olive
- 1 cuillère à café de poivre noir fraîchement moulu
- 1 tasse d'oignon haché
- 4 carottes, hachées
- 2 cuillères à café de romarin séché
- 2 branches de céleri hachées
- 28 oz de tomates concassées en boîte
- 1 tasse de bouillon de bœuf faible en sodium
- 1 tasse de vin rouge
- 2 cuillères à café de sel

Instructions:

Assaisonner le rosbif avec du sel, de l'ail et du poivre et réserver. Versez l'huile dans une poêle antiadhésive et faites chauffer à feu moyen-vif. Mettez-y le bœuf et faites-le rôtir jusqu'à ce qu'il brunisse de tous les côtés. Transférez maintenant le rosbif dans une mijoteuse de 6 litres. Ajouter la carotte, l'oignon, le romarin et le céleri dans la poêle. Continuez la cuisson jusqu'à ce que les oignons et les légumes soient tendres.

Incorporer les tomates et le vin à ce mélange de légumes. Ajouter le bouillon de bœuf et le mélange de tomates dans la mijoteuse avec le mélange de légumes. Couvrir et cuire à feu doux pendant 8 heures.

Lorsque la viande est cuite, retirez-la de la mijoteuse, placez-la sur une planche à découper et enveloppez-la dans du papier aluminium. Pour épaissir la sauce, versez-la dans une casserole et faites cuire à feu doux jusqu'à obtenir la consistance désirée. Jetez le gras avant de servir.

Nutrition (pour 100g) : 260 calories 6 g de matières grasses 8,7 g de glucides 37,6 g de protéines 588 mg de sodium

Pain de viande à la mijoteuse

Temps de préparation : 10 minutes

Temps de cuisson: 6 heures et 10 minutes

Portions : 8

Difficulté : moyenne

Ingrédients:

- 2 lb de bison haché
- 1 courgette râpée
- 2 gros œufs
- Spray de cuisson à l'huile d'olive si nécessaire
- 1 courgette, hachée
- ½ tasse de persil, frais, finement haché
- ½ tasse de parmesan, râpé
- 3 cuillères à soupe de vinaigre balsamique
- 4 gousses d'ail, râpées
- 2 cuillères à soupe d'oignon haché
- 1 cuillère à soupe d'origan séché
- ½ cuillère à café de poivre noir moulu
- ½ cuillère à café de sel casher
- Pour la couverture :
- ¼ tasse de fromage mozzarella râpé
- ¼ tasse de ketchup sans sucre
- ¼ tasse de persil fraîchement haché

Instructions:

Tapisser l'intérieur d'une mijoteuse de six litres de bandes de papier d'aluminium. Vaporisez-le d'huile de cuisson antiadhésive.

Dans un grand bol, mélanger le bison haché ou le surlonge haché extra-maigre, les courgettes, les œufs, le persil, le vinaigre balsamique, l'ail, l'origan séché, le sel marin ou casher, l'oignon sec haché et le poivre noir moulu.

Placez ce mélange dans une mijoteuse et formez un pain oblong. Couvrez la cuisinière avec un couvercle, mettez-la sur feu doux et laissez cuire 6 heures. Après la cuisson, ouvrez le feu et étalez le ketchup sur tout le pain de viande.

Placez maintenant le fromage sur le ketchup comme une nouvelle couche et fermez la mijoteuse. Laissez le pain de viande sur ces deux couches pendant environ 10 minutes ou jusqu'à ce que le fromage commence à fondre. Garnir de persil frais et de fromage mozzarella râpé.

Nutrition (pour 100g) : 320 calories 2 g de matières grasses 4 g de glucides 26 g de protéines 681 mg de sodium

Hoagies au bœuf méditerranéen à la mijoteuse

Temps de préparation : 10 minutes
Temps de cuisson : 13 heures
Portions : 6
Difficulté : moyenne

Ingrédients:

- 3 livres de rôti rond de bœuf maigre
- ½ cuillère à café de poudre d'oignon
- ½ cuillère à café de poivre noir
- 3 tasses de bouillon de bœuf faible en sodium
- 4 cuillères à café de mélange à vinaigrette
- 1 feuille de laurier
- 1 cuillère à soupe d'ail, émincé
- 2 poivrons rouges, coupés en fines lanières
- 16 onces de pepperoncino
- 8 tranches de Sargento Provolone, fines
- 2 onces de pain sans gluten
- ½ cuillère à café de sel
- <u>Pour l'assaisonnement:</u>
- 1½ cuillères à soupe de poudre d'oignon
- 1½ cuillères à soupe de poudre d'ail
- 2 cuillères à soupe de persil séché

- 1 cuillère à soupe de stévia
- ½ cuillère à café de thym séché
- 1 cuillère à soupe d'origan séché
- 2 cuillères à soupe de poivre noir
- 1 cuillère à soupe de sel
- 6 tranches de fromage

Instructions:

Séchez le steak avec une serviette en papier. Mélangez le poivre noir, la poudre d'oignon et le sel dans un petit bol et frottez le mélange sur le rôti. Placez le rôti assaisonné dans la mijoteuse.

Ajouter le bouillon, le mélange de vinaigrette, la feuille de laurier et l'ail dans la mijoteuse. Mélangez délicatement. Fermez et laissez cuire à feu doux pendant 12 heures. Après la cuisson, retirez la feuille de laurier.

Sortez le bœuf cuit et émincez-le. Remettez le bœuf haché et ajoutez le paprika et. Ajouter le paprika et le pepperoncino dans la mijoteuse. Couvrir la cuisinière avec un couvercle et cuire à feu doux pendant 1 heure. Avant de servir, garnir chaque pain de 3 onces du mélange de viande. Garnir d'une tranche de fromage. La sauce liquide peut être utilisée comme trempette.

Nutrition (pour 100g) : 442 calories 11,5 g de matières grasses 37 g de glucides 49 g de protéines 735 mg de sodium

Rôti de porc méditerranéen

Temps de préparation : 10 minutes

Temps de cuisson: 8 heures et 10 minutes

Portions : 6

Difficulté : moyenne

Ingrédients:

- 2 cuillères à soupe d'huile d'olive
- 2 livres de rôti de porc
- ½ cuillère à café de paprika
- ¾ tasse de bouillon de poulet
- 2 cuillères à café de sauge séchée
- ½ cuillère à soupe d'ail émincé
- ¼ cuillère à café de marjolaine séchée
- ¼ cuillère à café de romarin séché
- 1 cuillère à café d'origan
- ¼ cuillère à café de thym séché
- 1 cuillère à café de basilic
- ¼ cuillère à café de sel casher

Instructions:

Dans un petit bol, mélanger le bouillon, l'huile, le sel et les épices. Versez l'huile d'olive dans la poêle et faites chauffer à feu moyen-vif. Mettez-y le porc et faites-le rôtir jusqu'à ce que tous les côtés soient dorés.

Retirez le porc après la cuisson et percez le steak avec un couteau. Placez le rôti de porc en brochette dans une casserole de 6 litres. Maintenant, dans un petit bol, versez le mélange liquide sur tout le steak.

Fermez la marmite et laissez cuire à feu doux pendant 8 heures. Après la cuisson, retirez-le de la casserole sur une planche à découper et hachez-le. Remettez ensuite le porc haché dans la casserole. Laisser mijoter encore 10 minutes. Servir avec du fromage feta, du pain pita et des tomates.

Nutrition (pour 100g) : 361 calories 10,4 g de matières grasses 0,7 g de glucides 43,8 g de protéines 980 mg de sodium

Pizza au boeuf

Temps de préparation : 20 minutes

Temps de cuisson: 50 minutes

Portions : 10

Difficulté : Difficile

Ingrédients:

- <u>Pour la pâte:</u>
- 3 tasses de farine tout usage
- 1 cuillère à soupe de sucre
- 2¼ cuillères à café de levure sèche active
- 1 cuillère à café de sel
- 2 cuillères à soupe d'huile d'olive
- 1 tasse d'eau tiède
- <u>Compléter:</u>
- 1 livre de bœuf haché
- 1 oignon moyen, haché
- 2 cuillères à soupe de concentré de tomate
- 1 cuillère à soupe de graines de cumin moulues
- Sel et poivre noir moulu au besoin
- ¼ tasse d'eau
- 1 tasse d'épinards frais, hachés
- 8 oz de cœurs d'artichauts, coupés en quartiers
- 4 onces de champignons frais, tranchés

- 2 tomates hachées
- 4 onces de fromage feta, émietté

Instructions:

Pour la pâte:

Mélangez la farine, le sucre, la levure et le sel dans un batteur sur socle à l'aide du crochet pétrisseur. Ajouter 2 cuillères à soupe d'huile et d'eau tiède et pétrir jusqu'à l'obtention d'une pâte lisse et élastique.

Formez une boule avec la pâte et laissez-la reposer environ 15 minutes.

Placez la pâte sur une surface légèrement farinée et étalez-la en cercle. Placez la pâte dans un moule à pizza rond légèrement graissé et appuyez doucement pour la faire tenir. Laisser reposer environ 10 à 15 minutes. Graisser la croûte avec un peu d'huile. Préchauffer le four à 400 degrés F.

Compléter:

Faites frire le bœuf dans une poêle antiadhésive à feu moyen-vif pendant environ 4 à 5 minutes. Incorporer l'oignon et cuire environ 5 minutes en remuant souvent. Ajouter la pâte de tomate, le cumin, le sel, le poivre noir et l'eau et mélanger jusqu'à consistance lisse.

Réglez le feu à moyen et laissez cuire environ 5 à 10 minutes. Retirer du feu et mettre de côté. Placer le mélange de bœuf sur le fond de pizza et garnir d'épinards, puis d'artichauts, de champignons, de tomates et de feta.

Cuire au four jusqu'à ce que le fromage soit fondu. Retirer du four et laisser reposer environ 3 à 5 minutes avant de trancher. Couper en tranches de la taille désirée et servir.

Nutrition (pour 100g) : 309 calories 8,7 g de matières grasses 3,7 g de glucides 3,3 g de protéines 732 mg de sodium

Boulettes de bœuf et boulgour

Temps de préparation : 20 minutes

Temps de cuisson: 28 minutes

Portions : 6

Difficulté : moyenne

Ingrédients:

- ¾ tasse de boulgour cru
- 1 livre de bœuf haché
- ¼ tasse d'échalotes, hachées
- ¼ tasse de persil frais, haché
- ½ cuillère à café de poivre moulu
- ½ cuillère à café de cumin moulu
- ½ cuillère à café de cannelle moulue
- ¼ cuillère à café de flocons de piment rouge, écrasés
- Sel, au besoin
- 1 cuillère à soupe d'huile d'olive

Instructions:

Faire tremper le boulgour dans un grand bol d'eau froide pendant environ 30 minutes. Bien égoutter le boulgour puis presser avec les mains pour éliminer l'excès d'eau. Dans un robot culinaire, ajouter le boulgour, le bœuf, les échalotes, le persil, les assaisonnements, le sel et les gousses jusqu'à consistance lisse.

Placer le mélange dans un bol et réfrigérer avec le couvercle pendant environ 30 minutes. Sortez du réfrigérateur et formez des boules de même taille avec le mélange de bœuf. Faites chauffer l'huile dans une grande poêle antiadhésive à feu moyen-vif et faites cuire les boulettes de viande en deux fois pendant environ 13 à 14 minutes, en les retournant souvent. Servir chaud.

Nutrition (pour 100g) : 228 calories 7,4 g de matières grasses 0,1 g de glucides 3,5 g de protéines 766 mg de sodium

Délicieux bœuf et brocoli

Temps de préparation : 10 minutes

Temps de cuisson: 15 minutes

Portions : 4

Difficulté : Facile

Ingrédients:

- 1 et ½ livres. steak d'accompagnement
- 1 cuillère à soupe. huile d'olive
- 1 cuillère à soupe. sauce tamari
- 1 tasse de bouillon de boeuf
- 1 livre de brocoli, fleurons séparés

Instructions:

Mélanger les lanières de steak avec l'huile et le tamari, mélanger et réserver 10 minutes. Sélectionnez la cocotte minute en mode cuisson, placez les lanières de bœuf et faites-les dorer 4 minutes de chaque côté. Incorporer le bouillon, couvrir à nouveau la casserole et cuire à feu vif pendant 8 minutes. Incorporer le brocoli, couvrir et cuire à feu vif pendant encore 4 minutes. Répartissez le tout dans les assiettes et servez. Apprécier!

Nutrition (pour 100g) : 312 calories 5 g de matières grasses 20 g de glucides 4 g de protéines 694 mg de sodium

Chili au bœuf et au maïs

Temps de préparation : 8 à 10 minutes
Temps de cuisson: 30 minutes
Portions : 8
Difficulté : moyenne

Ingrédients:

- 2 petits oignons hachés (fin)
- ¼ tasse de maïs en conserve
- 1 cuillère à soupe d'huile
- 10 onces de bœuf haché maigre
- 2 petits piments, hachés

Instructions:

Allumez la cocotte minute. Cliquez sur le bouton "FRY". Versez l'huile, puis incorporez l'oignon, le piment et le bœuf; cuire jusqu'à ce qu'il soit translucide et tendre. Versez 3 tasses d'eau dans la marmite; bien mélanger.

Ferme la couverture. Sélectionnez « VIANDE/RAGOÛT ». Réglez la minuterie sur 20 minutes. Laissez cuire jusqu'à ce que le minuteur atteigne zéro.

Cliquez sur « ANNULER » puis sur « NPR » pendant environ 8 à 10 minutes pour une pression de libération naturelle. Ouvrez et disposez le plat sur des assiettes de service. Servir.

Nutrition (pour 100g) : 94 calories 5 g de matières grasses 2 g de glucides 7 g de protéines 477 mg de sodium

Plat de bœuf balsamique

Temps de préparation : 5 minutes
Temps de cuisson: 55 minutes
Portions : 8
Difficulté : moyenne

Ingrédients:

- 3 lb de rôti de paleron
- 3 gousses d'ail, tranchées finement
- 1 cuillère à soupe d'huile
- 1 cuillère à café de vinaigre aromatisé
- ½ cuillère à café de poivre
- ½ cuillère à café de romarin
- 1 cuillère à soupe de beurre
- ½ cuillère à café de thym
- ¼ tasse de vinaigre balsamique
- 1 tasse de bouillon de boeuf

Instructions:

Couper des tranches dans la frite et farcir de tranches d'ail partout. Mélangez le vinaigre aromatisant, le romarin, le poivre, le thym et frottez le mélange sur le rôti. Sélectionnez la casserole en mode saute et mélangez l'huile, laissez l'huile chauffer. Faites cuire le rôti des deux côtés.

Sortez-le et mettez-le de côté. Incorporer le beurre, le bouillon, le vinaigre balsamique et couvrir la casserole de glaçage. Remettez le steak et fermez le couvercle, puis faites cuire à puissance ÉLEVÉE pendant 40 minutes.

Faites une version rapide. Servir!

Nutrition (pour 100g) : 393 calories 15 g de matières grasses 25 g de glucides 37 g de protéines 870 mg de sodium

Rôti de boeuf à la sauce soja

Temps de préparation : 8 minutes

Temps de cuisson: 35 minutes

Portions : 2-3

Difficulté : moyenne

Ingrédients:

- ½ cuillère à café de bouillon de bœuf
- 1 ½ cuillère à café de romarin
- ½ cuillère à café d'ail émincé
- 2 livres de rosbif
- 1/3 tasse de sauce soja

Instructions:

Dans un bol à mélanger, mélanger la sauce soja, le bouillon, le romarin et l'ail.

Allumez votre autocuiseur. Placez le steak et versez suffisamment d'eau pour couvrir le steak ; remuez doucement pour bien mélanger. Fermez-le hermétiquement.

Cliquez sur la fonction de cuisson « VIANDE/RAGOÛT » ; réglez le niveau de pression sur « ÉLEVÉ » et réglez le temps de cuisson sur 35 minutes. Laissez la pression monter pour cuire les ingrédients. Une fois terminé, cliquez sur le bouton « ANNULER », puis cliquez sur la fonction de cuisson « NPR » pour relâcher naturellement la pression.

Ouvrez progressivement le couvercle et hachez la viande.

Remettez la viande hachée dans le mélange et mélangez bien.

Transférer dans des bols de service. Servir chaud.

Nutrition (pour 100g) : 423 calories 14 g de matières grasses 12 g de glucides 21 g de protéines 884 mg de sodium

Rôti de paleron de bœuf au romarin

Temps de préparation : 5 minutes

Temps de cuisson: 45 minutes

Portions : 5-6

Difficulté : moyenne

Ingrédients:

- 3 lb de rôti de paleron
- 3 gousses d'ail
- ¼ tasse de vinaigre balsamique
- 1 brin de romarin frais
- 1 branche de thym frais
- 1 tasse d'eau
- 1 cuillère à soupe d'huile végétale
- Sel et poivre au goût

Instructions:

Coupez le rosbif en tranches et placez-y les gousses d'ail. Frottez le steak avec des herbes, du poivre noir et du sel. Préchauffez l'Instant Pot en faisant dorer et versez l'huile. Une fois bien chaud, incorporez le rosbif et faites cuire en remuant jusqu'à ce qu'il soit doré de tous les côtés. Ajouter le reste des ingrédients; remuer doucement.

Couvrez hermétiquement et faites cuire à puissance élevée pendant 40 minutes en utilisant le réglage manuel. Laissez la pression se relâcher naturellement, environ 10 minutes. Ouvrir et disposer le rosbif sur des assiettes de service, trancher et servir.

Nutrition (pour 100g) :542 calories 11,2 g de matières grasses 8,7 g de glucides 55,2 g de protéines 710 mg de sodium

Escalopes de porc et sauce tomate

Temps de préparation : 10 minutes

Temps de cuisson: 20 minutes

Portions : 4

Difficulté : Facile

Ingrédients:

- 4 côtelettes de porc, désossées
- 1 cuillère à soupe de sauce soja
- ¼ cuillère à café d'huile de sésame
- 1 et ½ tasse de concentré de tomate
- 1 oignon jaune
- 8 champignons, tranchés

Instructions:

Mélangez la côtelette de porc avec la sauce soja et l'huile de sésame dans un bol, mélangez bien et laissez reposer 10 minutes. Mettez la cocotte minute en mode cuisson, ajoutez les côtelettes de porc et faites-les dorer 5 minutes de chaque côté. Incorporer l'oignon et cuire encore 1 à 2 minutes. Ajouter la pâte de tomates et les champignons, mélanger, couvrir et cuire à puissance élevée pendant 8 à 9 minutes. Répartissez le tout dans des assiettes et servez. Apprécier!

Nutrition (pour 100g) : 300 calories 7 g de matières grasses 18 g de glucides 4 g de protéines 801 mg de sodium

Poulet à la sauce aux câpres

Temps de préparation : 10 minutes

Temps de cuisson: 18 minutes

Portions : 5

Difficulté : Difficile

Ingrédients:

- <u>Pour le poulet :</u>
- 2 oeufs
- Sel et poivre noir moulu au besoin
- 1 tasse de chapelure sèche
- 2 cuillères à soupe d'huile d'olive
- 1½ livre de moitiés de poitrine de poulet désossées et sans peau, pilées sur ¾ de pouce d'épaisseur et coupées en morceaux
- <u>Pour la sauce aux câpres :</u>
- 3 cuillères à soupe de câpres
- ½ tasse de vin blanc sec
- 3 cuillères à soupe de jus de citron frais
- Sel et poivre noir moulu au besoin
- 2 cuillères à soupe de persil frais haché

Instructions:

Pour le poulet : Dans un bol peu profond, ajoutez les œufs, le sel et le poivre noir et fouettez jusqu'à ce que le tout soit bien mélangé. Mettez la chapelure dans une autre assiette creuse. Faire tremper les morceaux de poulet dans le mélange d'œufs, puis les enrober uniformément de chapelure. Secouez l'excédent de chapelure.

Faites chauffer l'huile à feu moyen et faites cuire les morceaux de poulet pendant environ 5 à 7 minutes de chaque côté ou jusqu'à la cuisson désirée. À l'aide d'une écumoire, placez les morceaux de poulet sur une assiette tapissée de papier absorbant. Couvrir les morceaux de poulet d'un morceau de papier d'aluminium pour les garder au chaud.

Ajouter tous les ingrédients de la sauce sauf le persil dans la même poêle et cuire en remuant constamment pendant environ 2-3 minutes. Incorporer le persil et retirer du feu. Servir les morceaux de poulet avec la sauce aux câpres.

Nutrition (pour 100g) : 352 calories 13,5 g de matières grasses 1,9 g de glucides 1,2 g de protéines 741 mg de sodium

Burgers de dinde avec salsa à la mangue

Temps de préparation : 15 minutes

Temps de cuisson: 10 minutes

Portions : 6

Difficulté : Facile

Ingrédients:

- 1½ livre de poitrine de dinde hachée
- 1 cuillère à café de sel marin, divisé
- ¼ cuillère à café de poivre noir fraîchement moulu
- 2 cuillères à soupe d'huile d'olive extra vierge
- 2 mangues pelées, dénoyautées et coupées en dés
- ½ oignon rouge, finement haché
- Jus d'1 citron vert
- 1 gousse d'ail, hachée
- ½ piment jalapeño, épépiné et finement haché
- 2 cuillères à soupe de feuilles de coriandre fraîche hachées

Instructions:

Façonner la poitrine de dinde en 4 galettes et assaisonner avec ½ cuillère à café de sel marin et de poivre. Faites chauffer l'huile d'olive dans une poêle antiadhésive jusqu'à ce qu'elle brille. Ajouter les galettes de dinde et cuire jusqu'à ce qu'elles soient dorées, environ 5 minutes de chaque côté. Pendant que les galettes cuisent, mélangez la mangue, l'oignon rouge, le jus de citron vert, l'ail, le jalapeño, la coriandre et la ½ cuillère à café de sel marin restante dans un petit bol. Verser la salsa sur les galettes de dinde et servir.

Nutrition (pour 100g) : 384 calories 3 g de matières grasses 27 g de glucides 34 g de protéines 692 mg de sodium

Poitrine de dinde rôtie aux herbes

Temps de préparation : 15 minutes

Temps de cuisson: 1h30 (plus 20 minutes de repos)

Portions : 6

Difficulté : moyenne

Ingrédients:

- 2 cuillères à soupe d'huile d'olive extra vierge
- 4 gousses d'ail, hachées
- Zest de 1 citron
- 1 cuillère à soupe de feuilles de thym frais hachées
- 1 cuillère à soupe de feuilles de romarin frais hachées
- 2 cuillères à soupe de feuilles de persil italien frais hachées
- 1 cuillère à café de moutarde moulue
- 1 cuillère à café de sel marin
- ¼ cuillère à café de poivre noir fraîchement moulu
- 1 (6 lb) poitrine de dinde avec os et peau
- 1 tasse de vin blanc sec

Instructions:

Préchauffer le four à 325° F. Mélanger l'huile d'olive, l'ail, le zeste de citron, le thym, le romarin, le persil, la moutarde, le sel marin et le poivre. Badigeonnez uniformément le mélange d'herbes sur le dessus de la poitrine de dinde, détachez la peau et frottez également le dessous. Placer la poitrine de dinde dans une rôtissoire sur la grille, côté peau vers le haut.

Versez le vin dans la poêle. Rôtir pendant 1 à 1,5 heure, jusqu'à ce que la dinde atteigne une température interne de 165 degrés F. Retirer du four et réserver, recouverte de papier d'aluminium, pour garder au chaud pendant 20 minutes avant de la découper.

Nutrition (pour 100g) : 392 calories 1 g de matières grasses 2 g de glucides 84 g de protéines 741 mg de sodium

Saucisse de poulet et paprika

Temps de préparation : 10 minutes

Temps de cuisson: 20 minutes

Portions : 6

Difficulté : moyenne

Ingrédients:

- 2 cuillères à soupe d'huile d'olive extra vierge
- 6 liens de saucisses de poulet italiennes
- 1 oignon
- 1 poivron rouge
- 1 poivron vert
- 3 gousses d'ail, hachées
- ½ tasse de vin blanc sec
- ½ cuillère à café de sel marin
- ¼ cuillère à café de poivre noir fraîchement moulu
- Une pincée de flocons de piment rouge

Instructions:

Faites chauffer l'huile d'olive dans une grande poêle jusqu'à ce qu'elle brille. Ajouter les saucisses et cuire, en les retournant de temps en temps, jusqu'à ce qu'elles soient dorées et qu'une température interne de 165 °F soit atteinte, 5 à 7 minutes. Retirez la saucisse de la poêle avec des pinces et placez-la sur une assiette recouverte de papier d'aluminium pour la garder au chaud.

Remettez la poêle sur le feu et incorporez l'oignon, le poivron rouge et le poivron vert. Cuire en remuant de temps en temps jusqu'à ce que les légumes commencent à dorer. Ajouter l'ail et cuire 30 secondes en remuant constamment.

Incorporer le vin, le sel marin, le poivre et les flocons de piment rouge. Retirez et retournez les morceaux dorés du fond de la casserole. Laisser mijoter encore environ 4 minutes en remuant jusqu'à ce que le liquide soit réduit de moitié. Déposez les poivrons sur les saucisses et servez.

Nutrition (pour 100g) : 173 calories 1 g de matières grasses 6 g de glucides 22 g de protéines 582 mg de sodium

Poulet Piccata

Temps de préparation : 10 minutes

Temps de cuisson: 15 minutes

Portions : 6

Difficulté : moyenne

Ingrédients:

- ½ tasse de farine de blé entier
- ½ cuillère à café de sel marin
- 1/8 cuillère à café de poivre noir fraîchement moulu
- 1½ livre de poitrine de poulet, coupée en 6 morceaux
- 3 cuillères à soupe d'huile d'olive extra vierge
- 1 tasse de bouillon de poulet non salé
- ½ tasse de vin blanc sec
- Jus de 1 citron
- Zest de 1 citron
- ¼ tasse de câpres, égouttées et rincées
- ¼ tasse de feuilles de persil frais hachées

Instructions:

Dans un bol peu profond, mélanger la farine, le sel marin et le poivre. Draguez le poulet dans la farine et retirez l'excédent. Cuire dans l'huile d'olive jusqu'à ce qu'elle soit chatoyante.

Ajouter le poulet et cuire environ 4 minutes de chaque côté jusqu'à ce qu'il soit doré. Retirez le poulet de la poêle et couvrez-le de papier d'aluminium pour le garder au chaud.

Remettez la casserole sur le feu et incorporez le bouillon, le vin, le jus de citron, le zeste de citron et les câpres. Utilisez le côté d'une cuillère pour briser les morceaux dorés du fond de la casserole. Laisser mijoter jusqu'à ce que le liquide épaississe. Retirez la casserole du feu et remettez le poulet dans la poêle. Tourner pour enduire. Incorporer le persil et servir.

Nutrition (pour 100g) : 153 calories 2 g de matières grasses 9 g de glucides 8 g de protéines 692 mg de sodium

Poulet toscan à la poêle

Temps de préparation : 10 minutes

Temps de cuisson: 25 minutes

Portions : 6

Difficulté : Difficile

Ingrédients:

- ¼ tasse d'huile d'olive extra vierge, divisée
- 1 livre de poitrine de poulet désossée et sans peau, coupée en morceaux de ¾ de pouce
- 1 oignon, haché
- 1 poivron rouge, haché
- 3 gousses d'ail, hachées
- ½ tasse de vin blanc sec
- 1 boîte (14 onces) de tomates concassées, non séchées au soleil
- 1 boîte (14 oz) de tomates en dés, égouttées
- 1 boîte (14 oz) de haricots blancs, égouttés
- 1 cuillère à soupe d'assaisonnement italien séché
- ½ cuillère à café de sel marin
- 1/8 cuillère à café de poivre noir fraîchement moulu
- 1/8 cuillère à café de flocons de piment rouge
- ¼ tasse de feuilles de basilic frais hachées

Instructions:

Faire frire dans 2 cuillères à soupe d'huile d'olive jusqu'à ce qu'elle soit chatoyante. Incorporer le poulet et cuire jusqu'à ce qu'il soit doré. Retirez le poulet de la poêle et placez-le sur une assiette recouverte de papier d'aluminium pour le garder au chaud.

Remettez la poêle sur le feu et faites chauffer le reste de l'huile d'olive. Ajouter l'oignon et le poivron rouge. Cuire en remuant rarement jusqu'à ce que les légumes soient tendres. Ajouter l'ail et cuire 30 secondes en remuant constamment.

Incorporez le vin et utilisez le côté d'une cuillère pour soulever les morceaux dorés du fond de la casserole. Cuire en remuant pendant 1 minute.

Incorporer les tomates concassées et hachées, les haricots blancs, l'assaisonnement italien, le sel marin, le poivre et les flocons de piment rouge. Laissez mijoter. Cuire 5 minutes en remuant de temps en temps.

Remettez le poulet et les jus accumulés dans la poêle. Cuire jusqu'à ce que le poulet soit bien cuit. Retirer du feu et incorporer le basilic avant de servir.

Nutrition (pour 100g) : 271 calories 8 g de matières grasses 29 g de glucides 14 g de protéines 596 mg de sodium

Kapama au poulet

Temps de préparation : 10 minutes

Temps de cuisson : 2 heures

Portions : 4

Difficulté : moyenne

Ingrédients:

- 1 boîte (32 oz) de tomates en dés, égouttées
- ¼ tasse de vin blanc sec
- 2 cuillères à soupe de concentré de tomate
- 3 cuillères à soupe d'huile d'olive extra vierge
- ¼ cuillère à café de flocons de piment rouge
- 1 cuillère à café de piment de la Jamaïque moulu
- ½ cuillère à café d'origan séché
- 2 clous de girofle entiers
- 1 bâton de cannelle
- ½ cuillère à café de sel marin
- 1/8 cuillère à café de poivre noir fraîchement moulu
- 4 moitiés de poitrine de poulet désossées et sans peau

Instructions:

Dans une grande casserole, mélanger les tomates, le vin, la pâte de tomate, l'huile d'olive, les flocons de piment rouge, le poivre, l'origan, les clous de girofle, le bâton de cannelle, le sel marin et le poivre. Porter à ébullition en remuant de temps en temps. Laisser mijoter 30 minutes en remuant de temps en temps. Retirez et jetez le clou de girofle entier et le bâton de cannelle de la sauce et laissez la sauce refroidir.

Préchauffer le four à 350°F. Placer le poulet dans un plat allant au four de 9 x 13 pouces. Versez la sauce sur le poulet et couvrez la poêle de papier d'aluminium. Poursuivre la cuisson jusqu'à ce qu'elle atteigne une température interne de 165°F.

Nutrition (pour 100g) : 220 calories 3 g de matières grasses 11 g de glucides 8 g de protéines 923 mg de sodium

Poitrines de poulet farcies aux épinards et feta

Temps de préparation : 10 minutes
Temps de cuisson: 45 minutes
Portions : 4
Difficulté : moyenne

Ingrédients:

- 2 cuillères à soupe d'huile d'olive extra vierge
- 1 kilo de jeunes épinards frais
- 3 gousses d'ail, hachées
- Zest de 1 citron
- ½ cuillère à café de sel marin
- 1/8 cuillère à café de poivre noir fraîchement moulu
- ½ tasse de fromage feta émietté
- 4 poitrines de poulet désossées et sans peau

Instructions:

Préchauffer le four à 350°F. Cuire dans l'huile d'olive à feu moyen jusqu'à ce que le mélange soit chatoyant. Ajoutez les épinards. Poursuivre la cuisson et remuer jusqu'à ce que le mélange soit flétri.

Incorporer l'ail, le zeste de citron, le sel marin et le poivre. Cuire 30 secondes en remuant constamment. Laisser refroidir un peu et incorporer le fromage.

Étalez le mélange épinards-fromage en couche uniforme sur les morceaux de poulet et enroulez la poitrine autour de la garniture. Maintenez fermé avec des cure-dents ou de la ficelle de boucher. Placer les poitrines dans un plat allant au four de 9 x 13 pouces et cuire au four pendant 30 à 40 minutes, ou jusqu'à ce que la température interne du poulet atteigne 165° F. Retirer du four et réserver 5 minutes avant de trancher et de servir.

Nutrition (pour 100g) : 263 calories 3 g de matières grasses 7 g de glucides 17 g de protéines 639 mg de sodium

Cuisses de poulet au four au romarin

Temps de préparation : 5 minutes

Temps de cuisson : 1 heure

Portions : 6

Difficulté : Facile

Ingrédients:

- 2 cuillères à soupe de feuilles de romarin frais hachées
- 1 cuillère à café de poudre d'ail
- ½ cuillère à café de sel marin
- 1/8 cuillère à café de poivre noir fraîchement moulu
- Zest de 1 citron
- 12 cuisses de poulet

Instructions:

Préchauffer le four à 350°F. Mélanger le romarin, la poudre d'ail, le sel marin, le poivre et le zeste de citron.

Placer les pilons dans un plat allant au four de 9 x 13 pouces et saupoudrer du mélange de romarin. Cuire jusqu'à ce que le poulet atteigne une température interne de 165°F.

Nutrition (pour 100g) : 163 calories 1 g de matières grasses 2 g de glucides 26 g de protéines 633 mg de sodium

Poulet aux oignons, pommes de terre, figues et carottes

Temps de préparation : 5 minutes
Temps de cuisson: 45 minutes
Portions : 4
Difficulté : moyenne

Ingrédients:

- 2 tasses de pommes de terre rattes, coupées en deux
- 4 figues fraîches, coupées en quartiers
- 2 carottes, en julienne
- 2 cuillères à soupe d'huile d'olive extra vierge
- 1 cuillère à café de sel marin, divisé
- ¼ cuillère à café de poivre noir fraîchement moulu
- 4 quartiers de cuisses de poulet
- 2 cuillères à soupe de feuilles de persil frais hachées

Instructions:

Préchauffer le four à 425° F. Dans un petit bol, mélanger les pommes de terre, les figues et les carottes avec l'huile d'olive, ½ cuillère à café de sel marin et le poivre. Étaler dans un plat allant au four de 9 x 13 pouces.

Assaisonnez le poulet avec le sel marin restant. Placez-le sur les légumes. Cuire jusqu'à ce que les légumes soient tendres et que le poulet atteigne une température interne de 165°F. Saupoudrer de persil et servir.

Nutrition (pour 100g) : 429 calories 4 g de matières grasses 27 g de glucides 52 g de protéines 581 mg de sodium

Gyros de poulet avec tzatziki

Temps de préparation : 15 minutes

Temps de cuisson: 1 heure et 20 minutes

Portions : 6

Difficulté : moyenne

Ingrédients:

- 1 kilo de poitrine de poulet hachée
- 1 oignon, râpé, essoré de l'excès d'eau
- 2 cuillères à soupe de romarin séché
- 1 cuillère à soupe de marjolaine séchée
- 6 gousses d'ail, hachées
- ½ cuillère à café de sel marin
- ¼ cuillère à café de poivre noir fraîchement moulu
- Sauce tzatziki

Instructions:

Préchauffer le four à 350°F. À l'aide d'un robot culinaire, mélanger le poulet, l'oignon, le romarin, la marjolaine, l'ail, le sel marin et le poivre. Mélangez jusqu'à ce que le mélange forme une pâte. Vous pouvez également mélanger ces ingrédients dans un bol jusqu'à ce que le tout soit bien mélangé (voir conseil de préparation).

Pressez le mélange dans le moule à cake. Cuire au four jusqu'à ce qu'il atteigne une température interne de 165 degrés. Retirer du four et laisser reposer 20 minutes avant de trancher.

Tranchez le gyroscope et versez-le sur la sauce tzatziki.

Nutrition (pour 100g) : 289 calories 1 g de matières grasses 20 g de glucides 50 g de protéines 622 mg de sodium

Moussaka

Temps de préparation : 10 minutes
Temps de cuisson: 45 minutes
Portions : 8
Difficulté : Difficile

Ingrédients:

- 5 cuillères à soupe d'huile d'olive extra vierge, divisée
- 1 aubergine, tranchée (non pelée)
- 1 oignon, haché
- 1 poivron vert épépiné et haché
- 1 livre de dinde hachée
- 3 gousses d'ail, hachées
- 2 cuillères à soupe de concentré de tomate
- 1 boîte (14 oz) de tomates en dés, égouttées
- 1 cuillère à soupe d'assaisonnement italien
- 2 cuillères à café de sauce Worcestershire
- 1 cuillère à café d'origan séché
- ½ cuillère à café de cannelle moulue
- 1 tasse de yogourt grec nature, sans gras et non sucré
- 1 œuf battu
- ¼ cuillère à café de poivre noir fraîchement moulu
- ¼ cuillère à café de muscade moulue
- ¼ tasse de parmesan râpé
- 2 cuillères à soupe de feuilles de persil frais hachées

Instructions:

Préchauffer le four à 400°F. Faire frire dans 3 cuillères à soupe d'huile d'olive jusqu'à ce qu'elle soit chatoyante. Ajouter les tranches d'aubergines et faire dorer 3 à 4 minutes de chaque côté. Transférer sur du papier absorbant pour égoutter.

Remettez la poêle sur le feu et versez les 2 cuillères à soupe d'huile d'olive restantes. Ajouter l'oignon et le poivron vert. Poursuivez la cuisson jusqu'à ce que les légumes soient tendres. Retirer de la poêle et réserver.

Mettez la casserole sur le feu et incorporez la dinde. Cuire en brisant avec une cuillère jusqu'à ce qu'il soit doré, environ 5 minutes. Incorporer l'ail et cuire en remuant constamment pendant 30 secondes.

Incorporer la pâte de tomates, les tomates, l'assaisonnement italien, la sauce Worcestershire, l'origan et la cannelle. Remettez l'oignon et le poivron dans la poêle. Faire bouillir 5 minutes en remuant. Mélangez le yaourt, l'œuf, le poivre, la muscade et le fromage.

Placer la moitié du mélange de viande dans un plat allant au four de 9 x 13 pouces. Superposer avec la moitié de l'aubergine. Ajouter le reste du mélange de viande et le reste des aubergines. Étalez dessus le mélange de yaourt. Cuire jusqu'à ce qu'il soit doré. Garnir de persil et servir.

Nutrition (pour 100g) : 338 calories 5 g de matières grasses 16 g de glucides 28 g de protéines 569 mg de sodium

Filet de porc à la dijonnaise et aux herbes

Temps de préparation : 10 minutes

Temps de cuisson: 30 minutes

Portions : 6

Difficulté : moyenne

Ingrédients:

- ½ tasse de feuilles de persil italien frais, hachées
- 3 cuillères à soupe de feuilles de romarin frais hachées
- 3 cuillères à soupe de feuilles de thym frais hachées
- 3 cuillères à soupe de moutarde de Dijon
- 1 cuillère à soupe d'huile d'olive extra vierge
- 4 gousses d'ail, hachées
- ½ cuillère à café de sel marin
- ¼ cuillère à café de poivre noir fraîchement moulu
- 1 (1½ lb) de filet de porc

Instructions:

Préchauffer le four à 400°F. Mélanger le persil, le romarin, le thym, la moutarde, l'huile d'olive, l'ail, le sel marin et le poivre. Mélanger pendant environ 30 secondes jusqu'à consistance lisse. Répartir uniformément le mélange sur le porc et déposer sur une plaque à pâtisserie à rebords.

Cuire jusqu'à ce que la viande atteigne une température interne de 140°F. Retirer du four et réserver 10 minutes avant de trancher et de servir.

Nutrition (pour 100g) : 393 calories 3 g de matières grasses 5 g de glucides 74 g de protéines 697 mg de sodium

Steak sauce vin rouge-champignons

Temps de préparation: minutes plus 8 heures pour mariner

Temps de cuisson: 20 minutes

Portions : 4

Difficulté : Difficile

Ingrédients:

- <u>Pour la marinade et le steak</u>
- 1 tasse de vin rouge sec
- 3 gousses d'ail, hachées
- 2 cuillères à soupe d'huile d'olive extra vierge
- 1 cuillère à soupe de sauce soja faible en sodium
- 1 cuillère à soupe de thym séché
- 1 cuillère à café de moutarde de Dijon
- 2 cuillères à soupe d'huile d'olive extra vierge
- 1 à 1½ livre de steak de jupe, de fer plat ou de steak à trois pointes
- <u>Pour la sauce aux champignons</u>
- 2 cuillères à soupe d'huile d'olive extra vierge
- 1 livre de champignons cremini, coupés en quartiers
- ½ cuillère à café de sel marin
- 1 cuillère à café de thym séché
- 1/8 cuillère à café de poivre noir fraîchement moulu
- 2 gousses d'ail, hachées

- 1 tasse de vin rouge sec

Instructions:

Pour faire de la marinade et du steak

Dans un petit bol, fouetter ensemble le vin, l'ail, l'huile d'olive, la sauce soja, le thym et la moutarde. Versez dans un sac refermable et ajoutez le steak. Placez le steak au réfrigérateur pour mariner pendant 4 à 8 heures. Retirez le steak de la marinade et séchez-le avec du papier absorbant.

Faites chauffer l'huile d'olive dans une grande poêle jusqu'à ce qu'elle brille.

Placer le steak dessus et cuire environ 4 minutes de chaque côté, jusqu'à ce qu'il soit profondément doré des deux côtés et que le steak atteigne une température interne de 140°F. Retirez le steak de la poêle et placez-le sur une assiette recouverte de papier d'aluminium pendant que vous préparez la sauce aux champignons.

Lorsque la sauce aux champignons est prête, coupez le steak à contre-courant en tranches de ½ pouce d'épaisseur.

Pour faire une sauce aux champignons

Chauffer l'huile dans la même poêle à feu moyen-vif. Ajouter les champignons, le sel marin, le thym et le poivre. Cuire environ 6 minutes, en remuant très rarement, jusqu'à ce que les champignons soient dorés.

Faites frire l'ail. Incorporez le vin et utilisez le côté d'une cuillère en bois pour faire dorer les morceaux du fond de la poêle. Cuire jusqu'à ce que le liquide soit réduit de moitié. Versez les champignons sur le steak.

Nutrition (pour 100g) : 405 calories 5 g de matières grasses 7 g de glucides 33 g de protéines 842 mg de sodium

Boulettes de viande à la grecque

Temps de préparation : 20 minutes

Temps de cuisson: 25 minutes

Portions : 4

Difficulté : moyenne

Ingrédients:

- 2 tranches de pain de blé entier
- 1¼ livre de dinde hachée
- 1 oeuf
- ¼ tasse de chapelure de grains entiers assaisonnée
- 3 gousses d'ail, hachées
- ¼ d'oignon rouge, râpé
- ¼ tasse de feuilles de persil italien frais hachées
- 2 cuillères à soupe de feuilles de menthe fraîche hachées
- 2 cuillères à soupe de feuilles d'origan frais hachées
- ½ cuillère à café de sel marin
- ¼ cuillère à café de poivre noir fraîchement moulu

Instructions:

Préchauffer le four à 350°F. Placer du papier sulfurisé ou du papier d'aluminium sur une plaque à pâtisserie. Mouiller le pain sous l'eau et essorer l'excédent. Coupez le pain mouillé en petits morceaux et placez-le dans un bol moyen.

Ajouter la dinde, l'œuf, la chapelure, l'ail, l'oignon rouge, le persil, la menthe, l'origan, le sel marin et le poivre. Bien mélanger. Façonnez le mélange en boules de la taille de ¼ tasse. Placer les boulettes de viande sur la plaque préparée et cuire au four environ 25 minutes ou jusqu'à ce que la température interne atteigne 165°F.

Nutrition (pour 100g) : 350 calories 6 g de matières grasses 10 g de glucides 42 g de protéines 842 mg de sodium

Agneau aux haricots

Temps de préparation : 10 minutes

Temps de cuisson : 1 heure

Portions : 6

Difficulté : Difficile

Ingrédients:

- ¼ tasse d'huile d'olive extra vierge, divisée
- 6 agneau coupés dans du gras supplémentaire
- 1 cuillère à café de sel marin, divisé
- ½ cuillère à café de poivre noir fraîchement moulu
- 2 cuillères à soupe de concentré de tomate
- 1½ tasse d'eau chaude
- 1 kilo de haricots verts, coupés et coupés en deux sur la largeur
- 1 oignon, haché
- 2 tomates hachées

Instructions:

Faites chauffer 2 cuillères à soupe d'huile d'olive dans une grande poêle jusqu'à ce qu'elle brille. Assaisonnez les côtelettes d'agneau avec ½ cuillère à café de sel marin et 1/8 cuillère à café de poivre. Cuire l'agneau dans l'huile chaude pendant environ 4 minutes de chaque côté, jusqu'à ce qu'il soit doré des deux côtés. Transférer la viande dans une assiette et réserver.

Remettez la poêle sur le feu et ajoutez les 2 cuillères à soupe d'huile d'olive restantes. Chauffer jusqu'à ce qu'il brille.

Faites fondre le concentré de tomate dans un bol d'eau chaude. Ajoutez-le à la poêle chaude avec les haricots verts, l'oignon, les tomates et la ½ cuillère à café de sel de mer restante et ¼ de cuillère à café de poivre. Porter à ébullition en utilisant le côté d'une cuillère pour gratter les morceaux dorés du fond de la casserole.

Remettez les côtelettes d'agneau dans la poêle. Porter à ébullition et régler le feu à moyen-doux. Laisser mijoter 45 minutes jusqu'à ce que les haricots soient tendres, en ajoutant de l'eau au besoin pour ajuster l'épaisseur de la sauce.

Nutrition (pour 100g) : 439 calories 4 g de matières grasses 10 g de glucides 50 g de protéines 745 mg de sodium

Poulet à la sauce tomate-balsamique

Temps de préparation : 10 minutes
Temps de cuisson: 20 minutes
Portions : 4
Difficulté : moyenne

Ingrédients

- 2 (8 oz ou 226,7 g) poitrines de poulet désossées, sans peau
- ½ c. sel
- ½ c. poivre moulu
- 3 cuillères à soupe. Huile d'olive vierge extra
- ½ c. tomates cerises coupées en deux
- 2 cuillères à soupe. échalotes tranchées
- ¼ c. vinaigre balsamique
- 1 cuillère à soupe. Ail écrasé
- 1 cuillère à soupe. graines de fenouil grillées, écrasées
- 1 cuillère à soupe. beurre

Instructions:

Coupez les poitrines de poulet en quartiers et pilez-les avec un marteau jusqu'à ce qu'elles aient ¼ de pouce d'épaisseur. Utilisez ¼ de cuillère à café de poivre et de sel pour enrober le poulet. Faites chauffer deux cuillères à soupe d'huile dans une poêle et maintenez le feu à moyen. Faites cuire la poitrine de poulet trois minutes de chaque côté. Placez-le sur une assiette de service et couvrez-le de papier d'aluminium pour le garder au chaud.

Ajouter une cuillère à soupe d'huile, les échalotes et les tomates dans la poêle et cuire jusqu'à ce qu'elles soient ramollies. Ajoutez le vinaigre et faites cuire le mélange jusqu'à ce que le vinaigre soit réduit de moitié. Ajoutez les graines de fenouil, l'ail, le sel et le poivre et laissez cuire environ quatre minutes. Retirez-le du feu et mélangez-le avec le beurre. Versez cette sauce sur le poulet et servez.

Nutrition (pour 100g) : 294 calories 17 g de matières grasses 10 g de glucides 2 g de protéines 639 mg de sodium

Salade de riz brun, feta, petits pois frais et menthe

Temps de préparation : 10 minutes
Temps de cuisson: 25 minutes
Portions : 4
Difficulté : Facile

Ingrédients:

- 2 ch. riz brun
- 3 ch. eau
- sel
- 5 oz ou 141,7 g de fromage feta émietté
- 2 ch. pois bouillis
- ½ c. menthe hachée, fraîche
- 2 cuillères à soupe. huile d'olive
- Sel et poivre

Instructions:

Mettez le riz brun, l'eau et le sel dans une casserole à feu moyen, couvrez et portez à ébullition. Baissez le feu et laissez cuire jusqu'à ce que l'eau soit dissoute et que le riz soit tendre mais moelleux. Laisser refroidir complètement

Ajouter la feta, les pois, la menthe, l'huile d'olive, le sel et le poivre dans un saladier avec le riz refroidi. Servez et dégustez !

Nutrition (pour 100g) : 613 calories 18,2 g de matières grasses 45 g de glucides 12 g de protéines 755 mg de sodium

Pain pita aux grains entiers fourré aux olives et aux pois chiches

Temps de préparation : 10 minutes
Temps de cuisson: 20 minutes
Portions : 2
Difficulté : moyenne

Ingrédients:

- 2 poches de pita de blé entier
- 2 cuillères à soupe. huile d'olive
- 2 gousses d'ail, hachées
- 1 oignon, haché
- ½ c. graines de carvi
- 10 olives noires, hachées
- 2 ch. pois chiches bouillis
- Sel et poivre

Instructions:

Coupez les poches de pita et réservez. Tournez le feu à moyen et placez la casserole dessus. Ajouter l'huile d'olive et faire chauffer. Mélangez l'ail, l'oignon et le cumin dans une poêle chaude et remuez jusqu'à ce que l'oignon ramollisse et que le cumin soit parfumé. Ajoutez les olives, les pois chiches, le sel et le poivre et mélangez jusqu'à ce que les pois chiches soient dorés.

Retirez la casserole du feu et écrasez les pois chiches avec une cuillère en bois afin que certains soient entiers et d'autres cassés. Faites chauffer les poches de pita dans une poêle propre au micro-ondes, au four ou sur la cuisinière.

Remplissez-les de votre mélange de pois chiches et dégustez !

Nutrition (pour 100g) : 503 calories 19 g de matières grasses 14 g de glucides 15,7 g de protéines 798 mg de sodium

Carottes rôties aux noix et haricots cannellini

Temps de préparation : 10 minutes
Temps de cuisson: 45 minutes
Portions : 4
Difficulté : moyenne

Ingrédients:

- 4 carottes pelées, hachées
- 1 c. noix
- 1 cuillère à soupe. Cher
- 2 cuillères à soupe. huile d'olive
- 2 ch. haricots cannellini en conserve, égouttés
- 1 branche de thym frais
- Sel et poivre

Instructions:

Préchauffer le four à 400 F/204 C et tapisser une plaque à pâtisserie ou une rôtissoire de papier parchemin. Étalez les carottes et les noix sur un plateau ou une poêle tapissée. Versez un filet d'huile d'olive et de miel sur les carottes et les noix et frottez le tout ensemble pour vous assurer que chaque morceau est ferme.

est couvert. Répartissez les haricots sur le plateau et nichez-les dans les carottes et les noix.

Ajoutez le thym et saupoudrez le tout de sel et de poivre. Mettez l'assiette au four et faites rôtir pendant environ 40 minutes.

Servir et déguster

Nutrition (pour 100g) : 385 calories 27 g de matières grasses 6 g de glucides 18 g de protéines 859 mg de sodium

Poulet au beurre assaisonné

Temps de préparation : 10 minutes

Temps de cuisson: 25 minutes

Portions : 4

Difficulté : moyenne

Ingrédients:

- ½ c. Crème fouettée épaisse
- 1 cuillère à soupe. sel
- ½ c. Bouillon d'os
- 1 cuillère à soupe. Poivre
- 4 cuillères à soupe. Ou
- 4 moitiés de poitrine de poulet

Instructions:

Mettez la poêle au four à feu moyen et ajoutez une cuillère à soupe de beurre. Lorsque le beurre est chaud et fondu, placez-y le poulet et faites cuire cinq minutes de chaque côté. À la fin de ce temps, le poulet doit être bien cuit et doré ; s'il y en a, mettez-le dans une assiette.

Ensuite, vous ajoutez le bouillon d'os dans la poêle chaude. Ajouter la crème fouettée épaisse, le sel et le poivre. Laissez ensuite la poêle tranquille jusqu'à ce que la sauce commence à mijoter. Laissez ce processus se dérouler pendant cinq minutes pour épaissir la sauce.

Enfin, ajoutez le reste du beurre et du poulet dans la poêle. Assurez-vous d'utiliser une cuillère pour verser la sauce sur votre poulet et étouffez-le complètement. Servir

Nutrition (pour 100g) : 350 calories 25 g de matières grasses 10 g de glucides 25 g de protéines 869 mg de sodium

Poulet au bacon et au double fromage

Temps de préparation : 10 minutes

Temps de cuisson: 30 minutes

Portions : 4

Difficulté : Facile

Ingrédients:

- 4 onces ou 113 g. Fromage Frais
- 1 c. Fromage cheddar
- 8 tranches de bacon
- Sel de mer
- Poivre
- 2 gousses d'ail, hachées finement
- Poitrine de poulet
- 1 cuillère à soupe. Bacon à tartiner ou beurre

Instructions:

Préchauffer le four à 400 F/204 C Couper les poitrines de poulet en deux pour qu'elles soient fines

Assaisonner avec du sel, du poivre et de l'ail. Beurrer un plat allant au four et y déposer les poitrines de poulet. Ajouter le fromage à la crème et le cheddar sur les poitrines

Ajoutez également les tranches de bacon. Mettre le plat au four pendant 30 minutes et servir chaud.

Nutrition (pour 100g) : 610 calories 32 g de matières grasses 3 g de glucides 38 g de protéines 759 mg de sodium

Crevettes au citron et poivre

Temps de préparation : 10 minutes

Temps de cuisson: 10 minutes

Portions : 4

Difficulté : Facile

Ingrédients:

- 40 crevettes décortiquées
- 6 gousses d'ail hachées
- Sel et poivre noir
- 3 cuillères à soupe. huile d'olive
- ¼ c. paprika doux
- Une pincée de flocons de piment rouge écrasés
- ¼ c. zeste de citron râpé
- 3 cuillères à soupe. Xérès ou un autre vin
- 1½ cuillère à soupe. ciboulette tranchée
- Jus de 1 citron

Instructions:

Réglez le feu à moyen-vif et placez la casserole dessus.

Ajouter l'huile et les crevettes, saupoudrer de poivre et de sel et cuire 1 minute. Ajouter le paprika, l'ail et les flocons de piment, remuer et cuire 1 minute. Incorporer délicatement le sherry et laisser cuire encore une minute

Retirez les crevettes du feu, ajoutez la ciboulette et le zeste de citron, remuez et disposez les crevettes dans des assiettes. Garnir de jus de citron et servir

Nutrition (pour 100g) : 140 calories 1 g de matières grasses 5 g de glucides 18 g de protéines 694 mg de sodium

Galette panée et épicée

Temps de préparation : 5 minutes

Temps de cuisson: 25 minutes

Portions : 4

Difficulté : Facile

Ingrédients:

- ¼ c. ciboulette fraîche hachée
- ¼ c. aneth frais haché
- ¼ c. poivre noir moulu
- ¾ c. chapelure panko
- 1 cuillère à soupe. Huile d'olive vierge extra
- 1 c. zeste de citron finement râpé
- 1 c. sel de mer
- 1/3 c. persil frais haché
- 4 (6 oz ou 170 g) filets de flétan

Instructions:

Dans un bol moyen, mélanger l'huile d'olive et le reste des ingrédients, à l'exception des filets de flétan et de la chapelure.

Placer les filets de flétan dans le mélange et laisser mariner 30 minutes. Préchauffer le four à 400 F/204 C. Tapisser une plaque à pâtisserie de papier d'aluminium et vaporiser d'un enduit à cuisson. Tremper les filets dans la chapelure et les déposer sur la plaque à pâtisserie. Cuire au four pendant 20 minutes. Servir chaud.

Nutrition (pour 100g) : 667 calories 24,5 g de matières grasses 2 g de glucides 54,8 g de protéines 756 mg de sodium

Saumon au curry et à la moutarde

Temps de préparation : 10 minutes

Temps de cuisson: 20 minutes

Portions : 4

Difficulté : Facile

Ingrédients:

- ¼ c. piment rouge moulu ou poudre de chili
- ¼ c. curcuma, moulu
- ¼ c. sel
- 1 c. Cher
- ¼ c. poudre d'ail
- 2 c. moutarde à grains entiers
- 4 (6 oz ou 170 g) filets de saumon

Instructions:

Dans un bol, mélanger la moutarde et le reste des ingrédients, sauf le saumon. Préchauffer le four à 350 F/176 C. Enduire un plat allant au four d'un enduit à cuisson. Placez le saumon côté peau vers le bas sur la plaque à pâtisserie et étalez uniformément le mélange de moutarde sur les filets. Mettre au four et cuire au four pendant 10 à 15 minutes ou jusqu'à ce qu'il soit feuilleté.

Nutrition (pour 100g) : 324 calories 18,9 g de matières grasses 1,3 g de glucides 34 g de protéines 593 mg de sodium

Saumon en croûte de noix et de romarin

Temps de préparation : 10 minutes

Temps de cuisson: 25 minutes

Portions : 4

Difficulté : moyenne

Ingrédients:

- 1 livre ou 450 g. filet de saumon sans peau surgelé
- 2 c. Moutarde de Dijon
- 1 gousse d'ail, hachée
- ¼ c. écorces de citron
- ½ c. Cher
- ½ c. sel casher
- 1 c. romarin fraîchement haché
- 3 cuillères à soupe. chapelure panko
- ¼ c. piments rouges en poudre
- 3 cuillères à soupe. noix concassé
- 2 c. Huile d'olive vierge extra

Instructions:

Préchauffer le four à 420 F/215 C et utiliser du papier sulfurisé pour tapisser une plaque à pâtisserie à rebords. Mélanger la moutarde, le zeste de citron, l'ail, le jus de citron, le miel, le romarin, le poivron rouge broyé et le sel dans un bol. Dans un autre bol, mélangez les noix, le panko et 1 cuillère à café d'huile.

Placer du papier sulfurisé sur une plaque à pâtisserie et étaler le saumon dessus

Étalez le mélange de moutarde sur le poisson et recouvrez du mélange de panko. Verser légèrement le reste de l'huile d'olive sur le saumon. Cuire au four environ 10 à 12 minutes ou jusqu'à ce que le saumon se détache à la fourchette.Servir chaud

Nutrition (pour 100g) :222 calories 12 g de matières grasses 4 g de glucides 0,8 g de protéines 812 mg de sodium

Spaghettis rapides aux tomates

Temps de préparation : 10 minutes

Temps de cuisson: 25 minutes

Portions : 4

Difficulté : moyenne

Ingrédients:

- 8 oz ou 226,7 g de spaghettis
- 3 cuillères à soupe. huile d'olive
- 4 gousses d'ail, tranchées
- 1 piment jalapeno, tranché
- 2 ch. tomates cerises
- Sel et poivre
- 1 c. vinaigre balsamique
- ½ c. Parmesan, râpé

Instructions:

Porter une grande casserole d'eau à ébullition à feu moyen. Ajoutez une pincée de sel et portez à ébullition, puis ajoutez les spaghettis. Laissez cuire 8 minutes. Pendant que les pâtes cuisent, faites chauffer l'huile dans une poêle et ajoutez l'ail et le jalapeno. Cuire encore 1 minute, puis incorporer les tomates, le poivre et le sel.

Cuire 5 à 7 minutes jusqu'à ce que la peau des tomates éclate.

Ajouter le vinaigre et retirer du feu. Bien égoutter les spaghettis et mélanger avec la sauce tomate. Saupoudrer de fromage et servir aussitôt.

Nutrition (pour 100g) : 298 calories 13,5 g de matières grasses 10,5 g de glucides 8 g de protéines 749 mg de sodium

Fromage cuit au chili et à l'origan

Temps de préparation : 10 minutes

Temps de cuisson: 25 minutes

Portions : 4

Difficulté : Facile

Ingrédients:

- 8 oz ou 226,7 g de fromage feta
- 4 oz ou 113 g de mozzarella, émiettée
- 1 piment tranché
- 1 c. origan séché
- 2 cuillères à soupe. huile d'olive

Instructions:

Placez le fromage feta dans un petit plat allant au four profond. Garnir de mozzarella, puis assaisonner de flocons de piment et d'origan. couvrir la casserole avec un couvercle. Cuire au four préchauffé à 350 F/176 C pendant 20 minutes. Servir avec du fromage et déguster.

Nutrition (pour 100g) : 292 calories 24,2 g de matières grasses 5,7 g de glucides 2 g de protéines 733 mg de sodium

Poulet italien croustillant

Temps de préparation : 10 minutes

Temps de cuisson: 30 minutes

Portions : 4

Difficulté : Facile

Ingrédients:

- 4 cuisses de poulet
- 1 c. basilic séché
- 1 c. origan séché
- Sel et poivre
- 3 cuillères à soupe. huile d'olive
- 1 cuillère à soupe. vinaigre balsamique

Instructions:

Assaisonnez bien le poulet avec le basilic et l'origan. Ajouter l'huile dans la poêle et faire chauffer. Ajoutez le poulet à l'huile chaude. Cuire 5 minutes de chaque côté jusqu'à ce qu'ils soient dorés, puis couvrir la poêle avec un couvercle.

Baissez le feu à moyen et faites cuire 10 minutes d'un côté, puis retournez le poulet à plusieurs reprises et faites cuire encore 10 minutes jusqu'à ce qu'il soit croustillant. Servez le poulet et dégustez.

Nutrition (pour 100g) : 262 calories 13,9 g de matières grasses 11 g de glucides 32,6 g de protéines 693 mg de sodium

www.ingramcontent.com/pod-product-compliance
Lightning Source LLC
Chambersburg PA
CBHW071835110526
44591CB00011B/1332